KB069657

프뢰벨의
인간의 교육

0~6세 유아를 위한 교육철학

프리드리히 프뢰벨 지음 | **이원영** 옮김

Friedrich Wilhelm August Fröbel 1782 ~ 1852

학지사

　프뢰벨의 대표 저서인 『인간의 교육(Die Menschenerziehung)』
을 번역하게 된 것을 기쁘게 생각한다. 우리나라에서 출판된 첫 영
문판은 이화여전 보육과에서 교과서로 사용하기 위하여 故 서은숙
교수님이 『人之敎育』이라는 제목으로 요약·번역하신 것이다.

　우리나라에 유치원 교육이론을 처음 소개한 브라운리(Miss
Brownlee) 선교사는 이화여전 보육과 학생들을 가르치기 위해 프
뢰벨의 『인간의 교육』을 교과서로 사용하였다. 부래운(富來雲)
이라는 한국 이름으로 활동했던 그녀는 미국에서 프뢰벨의 이론
이 전성을 이루던 시절에 유치원 교사로서 교육을 받았다. 따라서
한국에 부임한 후 그녀가 프뢰벨의 교육철학은 물론 은물과 작업
을 소개한 것은 당연한 일이었다. 브라운리 선교사 후임으로 한국
의 유치원 교육을 확대하기 위해 부임한 클라라 하워드(Miss Clara
Howard, 한국 이름 許吉來, 허길래) 선교사는 본인이 부임하기 전 한
국의 유치원 교육은 프뢰벨 이론에 근거했었지만 자신은 듀이의
생활중심 교육이론을 도입하였다고 증언한 바 있다. 허길래 선교

사는 듀이의 경험중심교육 내지는 생활중심 교육철학이 미국 사회에 퍼져 있을 때 대학원에서 유아교육을 전공했었다.

'우리나라에 프뢰벨의 이론과 실제는 어느 정도 정확하게 소개되었는가? 프뢰벨 이론을 버리고 존 듀이의 생활중심 교육철학을 받아들였다고 한다면 프뢰벨의 교육철학과 듀이의 교육철학은 어느 정도 정확하게 전달되었는가? 프뢰벨과 듀이 교육철학의 공통점과 차이점은 무엇인가? 프뢰벨의 교육철학을 모두 제칠 정도로 그의 이론은 가치가 없는 것이었나?' 하는 의문이 들어 프뢰벨의 저서를 영문판으로 읽기 시작했고, 듀이의 교육철학도 살펴보기 시작했다. 대한민국정부 수립 이전에 교과서로 사용했던 『人之敎育』은 간추려 번역한 것이어서 프뢰벨 철학의 전반적인 틀을 파악하기 어려워 영문판 『인간의 교육』을 번역할 필요성을 느끼게 되었다.

유아교육을 전공하기 시작한 1961년부터 중앙대학교 보육과 교수로 취업한 1975년까지 나는 프뢰벨에 대해 아는 것이 별로 없었다. 프뢰벨에 대해 내가 읽고 들었던 내용은 유치원의 창시자라는 것, 통일성·자발활동의 원리를 주창한 사람이라는 것, 은물과 작업을 창시하였는데 지금은 사용하지 않는다는 것 정도였다. 게다가 내가 유아교육을 전공하기 시작한 때는 이미 미국의 유명한 교육철학자 존 듀이의 이론이 우리나라 교육계에 널리 퍼져 있었을 때였다.

미국 유학을 마치고 귀국한 1974년, 이화여대 도서관에서 하일만(W. Hailmann)의 영문 번역판 『인간의 교육(The Education of Man)』을 처음 접하고 읽기 시작했을 때, 문장이 길고(어떤 문장은 반쪽이 넘을 정도) 난해해서 프뢰벨 철학의 깊은 의미를 파악하기가 아주 어려

왔다. 30여 년 동안 아동교육철학 시간에『인간의 교육』을 가르치면서도 한 번도 쉽다고 생각한 적이 없었다. 그런데 기이한 일은 듀이의 교육철학을 여러 번 읽고 난 후에 프뢰벨의『인간의 교육』이 술술 이해되기 시작한 것이었다. 대학과 대학원 과정을 이수하는 동안에 프뢰벨의 교육철학은 낡은 것이고 듀이의 교육철학이 새로운 철학이라는 생각을 갖게 되었는데 이상한 일이 아닐 수 없었다.

이 두 교육철학자의 이론을 비교하면서 느낀 것은 프뢰벨의 교육이론에서 하나님, 자연, 영혼, 정신을 빼면 듀이가 주장하는 경험중심 또는 생활중심 교육철학의 핵심 개념과 같다는 것이었다. 물론 프뢰벨의 문장은 길고 난해한 반면, 듀이의 글은 간단명료하고 체계적이어서 이해하기가 훨씬 쉬웠다. 프뢰벨의『인간의 교육』영문판을 번역한 후, 나는 듀이가 프뢰벨 교육철학의 핵심 개념 대부분을 인용하여 자신의 교육철학으로 만들었다는 확신이 들었다. 나 혼자만의 생각일 수도 있다는 생각에 두려운 마음이 있었지만, 2005년 8월 미국에서 프뢰벨과 듀이에 관한 자료를 살펴보다가 넬 나딩스(Nel Noddings)가 그의 저서『Philosophy of Education』(1998)에서 듀이가 프뢰벨 교육철학의 많은 부분을 인용했다고 쓴 것을 발견하고 좀 더 확실해졌다. 그러나 듀이의 공헌도 크다. 만일 그가 프뢰벨의 교육철학을 쉬운 문장과 명료한 의미체계로 재구성하여 쓰지 않았더라면 주옥같은 프뢰벨의 교육철학은 사장되었을 가능성이 높다. 그럼에도 불구하고 한 가지 아쉬운 점은, 듀이가『인간의 교육』후반부의 7~12세 교육을 위한 철학 개념만을 다루었다는 것이다. 프뢰벨의 0~6세를 위한 유아교육철학 부분을 완전히 배제했던 것이다. 이는 유아교육전공자들이 프뢰벨의 교육철학은 은물과 작업 중심의 교사위주 교육이라고 오판하게 만든 원인이 되기도 했고, 유아교육전공자들로 하여금 프뢰벨의 교육철학을 소홀히 대하게 만들기도 했다.

나는 이 책에서 프뢰벨의『인간의 교육』중 0~6세 중심 유아교육철학을 다룬 부분인 'Ⅰ. 철학적 기본 개념' 'Ⅱ. 유아기의 인간' 'Ⅲ. 아동기의 인간'만을 번역·수록하였다. 이후의 Ⅳ~Ⅵ 부분은 초등학교 고학년 아동들을 위한 교육 내용 및 방법이기에 여기서는 과감히 제외하였다. 모쪼록 이 책을 통해 그동안 프뢰벨의 교육철학이론과 유아교육의 실제를 체계적으로 이해하는 데 힘들어했던 많은 유아교육전공자들이 도움을 받을 수 있기를 기대한다.

이 책이 번역되기까지 고마운 이들이 많다. 30여 년 동안 중앙대학교 유아교육과 및 대학원에서 아동교육철학을 수강하면서 열띤 토론을 했던 학생들이 없었다면 이 책의 중요성을 인식하고 번역할 엄두도 못 냈을 터였다. "교수님, 프뢰벨은 대단한 사람이었어요. 정말 유아교육을 전공하거나 아이들을 가르치는 사람들은 반드시 읽어야 할 필독서예요."라는 이들의 감동 어린 코멘트는 프뢰벨의 난해한 긴 문장과 사투를 하게 만든 원동력이었다. 우리나라에 태어나 유아교육을 받을 모든 아이들이 이 책으로 인해 행복하고 신나는 그리고 의미 있는 삶을 살게 되기를 바란다.

2022년 2월
이 원 영

『인간의 교육(Die Menschenerziehung)』은 1826년에『인간교육,
교육, 수업, 교수예술, 카일하우의 일반독일교육원의 노력, 프리드
리히 빌헬름 아우구스트 프뢰벨의 저작, 제1권 생의 초기에서 아동
까지』라는 긴 부제가 있는 제목으로 출간됐다.

책 표지의 긴 제목은 이 놀랄 만한 책이 성장하고 발달해 온 내력
을 드러낸다. 이와 유사하게 우리는 남녀 인간이 의미심장하게 성
장해 가는 삶의 여정을 이 제목에서 본다.

프뢰벨은 1817년(역자 주: 프뢰벨을 기록한 자료에는 1816년에 일반
독일학교를 그리스 하임에 세웠다가 1817년에 카일하우로 이전한 것으
로 기록되었음) 약 백 명의 주민이 사는 자그마한 마을인 카일하우
에 교육원(the Educational institute)을 설립했다. 어떤 점에서도 이
교육원은 사업적인 기업체가 아니었다. 미망인이 된 형수의 간청
에 따라, 프뢰벨은 형수의 세 아이의 교육을 떠맡기 위해 베를린에
서 아주 촉망되는 교수직을 포기했다. 이 아이들에다 두 명의 다른
조카들이 더 왔고, 미덴도르프가 랑게달의 어린 동생을 데리고 왔

으며, 몇 달 후에 랑게달 자신이 이 자그마한 집단에 합류했다. 그리하여 여섯 명의 남자아이들과 숭고한 정신을 가진 세 명의 남자—프뢰벨(Fröbel, 영어로는 Froebel로 표기), 미덴도르프(Middendorff) 그리고 랑게달(Langethal)—는 진보적 교육사업의 토대를 탄탄히 닦았다. 이 일은 전적으로 프뢰벨의 새로운 교육이상을 펴는 것이 목적이었다.

믿음이 덜한 사람들을 낙담시켰을지도 모를 많은 어려움과 곤경에도 불구하고, 이 교육원은 원래 계획했던 것보다 많이 성장했다. 프뢰벨은 이 교육원을 24명의 아동과 앞에 언급했던 세 명의 교사로 제한하려고 했지만 아동의 수를 증원해야만 할 정도로 지원자가 많아졌고 교사 증원도 필요하게 되었다.

이러한 성공 때문에 비열한 사람들이 적개심을 일으켰고, 프러시아 정부에 의해 정치적·종교적 이유로 박해를 받게 되었다. 그리하여 세 명의 친구들이 흩어지게 되었다. 만일 이 교육원이 바롭(Barop)의 기지에 의해 구해지지 않았더라면, 이 교육원 자체가 침몰했었을 것이다. 바롭은 1823년에 그 사업에 합류했고, 1833년에 그 교육원의 관리를 맡았다. 그리고 프뢰벨 자신은 1831년에 이 교육원을 떠났다.

이 지방에 대한 프러시아 정부의 박해는 지방 군주들이 이 기관을 조사하기 위해서 장학관인 제흐(Zech)를 보낸 것으로 시작되었다. 이 방문 보고서는 프뢰벨의 일과 목적의 특성에 대해 조명을 대단히 자세히 썼다. 나는 여기서 이 보고서의 가장 중요한 부분을 번역하고자 한다.

프뢰벨의 인간의 교육

"이 교육원에서 조사를 했던 2일간 나는 내가 이곳의 구성원 중 한 사람이라고 착각할 정도였다. 내가 이 교육원에서 경험한 모든 것은 내게 기쁨이었다. 그들의 교육은 대단히 흥미로웠고, 교훈적이었다. 그들은 나로 하여금 이 교육원의 원장뿐만 아니라 그 교육원 전반에 대해 점점 더 존경하게 만들었다. 그들에 대한 나의 존경심은 점점 더 확고해졌다. 원장은 근심과 부족함의 소용돌이 속에서도 보기 드문 인내력을 보였고, 순수하고 헌신적인 열의로 교육원을 지탱하고 유지했다. 낙천적이고 활기차며 자유로우나 규율을 지키는 정신은 수업에서뿐 아니라 평소에도 교육원 전체에 퍼져 있는 분위기였다. 그런 정신에서 나오는 영향력을 느끼는 것이 가장 즐거웠다.

나는 내가 살고 일하는 곳에서는 결코 경험할 수 없는 것들을 이곳에서 많이 발견했다. 적어도 60명의 구성원들이 완전히 그리고 친밀하게 일심동체가 된 가족처럼 화목하게 생활하고 있었다. 모두가 자신들에게 맡겨진 임무를 기꺼이 수행하고 있는 것도 관찰할 수 있었다. 이 교육원의 교육 가족은 서로 신뢰하며 강력한 유대관계로 뭉쳐 있었다. 결과적으로 그 안에서 모든 구성원들이 전체의 이익을 추구하며, 기쁨과 사랑 안에서 특별히 애쓰지 않고서도 모든 것들이 번창했다."

"모두가 대단한 존경심과 진정한 애정으로 원장을 대했다. 다섯살 꼬마 아이들이 그의 무릎 주위에 매달렸고, 원장의 친구들과 그를 돕는 사람들이 원장의 통찰력과 경험을 신뢰하며 그의 조언을 듣고 그 조언에 경의를 표했다. 그리고 원장 자신은, 그의 동료들이, 그에게는 진정으로 거룩한 일이자 필생의 사업인 교육원의 주춧돌이자 기둥이라고 여기고 형제애와 우애로 사랑하였다."

"교사들이 서로 융화와 일치단결을 완벽하게 느끼고 훈육·교육·아동을 위해 모든 면에서 가장 유익한 영향을 발휘한다는 것이 명백했다. 아동들이 교사들에게 사랑과 존경을 느끼기 때문에 훈육과 엄격함이 쓸모없을 정도로 아동들은 주의하며 행동했고 복종하였다. 이틀 동안 나는 아이들이 쉬는

하일만의 영문 번역판 서문

시간에 즐겁게 떠드는 동안 그리고 교육시간에 교사의 입술에서 나오는 책 망의 말을 한마디도 듣지 못했다. 교육 후에 모두들 놀이터를 찾는 가장 즐 거운, 그러나 혼란스러운 시간에도 버릇없음, 예의 없는 무례함, 그리고 무 엇보다도 비도덕적인 행위가 보이지 않았다. 아이들은 서로 완전히 자유롭 고 평등했다. 아이들의 옷차림에 의해서도, 아이들의 이름에 의해서도—각 각의 아동이 오직 기독교식 이름으로만 불리기 때문에—계급 및 출신상의 특권을 생각나게 하지 않았다. 위대하지만 자그마한 아동들은 마치 오직 아 이 자신의 법칙만을 따르는 듯했으며 한 아버지의 자식들처럼 자유로이 뒤 엉키면서 즐겁고 해맑게 지내고 있었다. 아이들은 모두 거리낌이 없어 보였 고, 자유롭게 능력을 사용하며 노는 동안 교사들은 끊임없이 아이들을 보살 폈다. 교사들은 아이들을 관찰하거나 아이들의 놀이에 참여하고 아이들과 동등하게 게임 규칙을 따랐다.”

"모든 잠재력은 대단하지만, 일심동체가 된 하나의 가정에서 생겨나서 그 잠재력을 발휘할 곳을 찾아낸다. 모든 성향은 대등하거나 비슷한 성향을 찾 아내어, 처음의 그것보다 더욱 명백하게 표현된다. 그렇게 됨으로써 성향 그 자체를 강화시킬 수 있다. 그러나 어떠한 부당함도 끼어들 수 없다. 왜냐하 면 누구든지 월권을 하면 스스로를 벌하고, 다른 아이들은 그 아이를 더 이 상 필요로 하지 않아 그 아이는 무리 밖으로 쫓겨나기 때문이다. 그 아이가 무리 속으로 다시 돌아오려면 그 아이는 자기 자신을 적응시키는 방법을 배 워 올바르게 행동하는 아이가 되어야 한다. 다양하게 활동하도록 고무시킴 으로써 그리고 상호간에 제약함으로써, 무의식적으로 서로가 서로를 안내 하고, 꾸짖으며, 벌하고, 교육하고, 양육한다.”

"전체적으로 기관 내의 질서에 의해서 그 기관에 대한 유쾌한 인상은 강 렬해진다. 그런 질서는 기관 어디에서나 분명하게 나타난다. 그러한 질서와 융통성 있는 세심함이 그렇게 큰 가족을 긴밀하게 결합하도록 해 준다. 그 리고 그런 유쾌한 인상은 청결함에 의해서 더 강렬해진다. 다른 교육기관에

프뢰벨의 인간의 교육

서는 그렇게 높은 수준의 청결함을 찾기 힘들다. 활기차고 자유로우나 질서가 있는 이런 외부세계에서 일어나는 사회생활은 아이들의 내면세계에서 나오고 있었다.

이 교육원은 5세 유아에게 지식을 먼저 가르치지 않고 '자기 방식대로' 먼저 자신을 발견하게 하고, 자신을 외부의 사물들과 구별하게 하며, 다양한 사물을 구분하게 한다. 아이가 가장 가까이에 있는 주위 환경에서 보는 것을 명확하게 알고, 동시에 그것을 정확한 말로 표현하게 하며, 처음 갖게 된 지식을 미래의 지적인 재산이 되게 한 후 큰일을 했다는 즐거움을 갖도록 한다. 마음에 떠오르는 대로, 자발적으로 활동하게 하는 것이 교육의 제1법칙이다. 서서히, 꾸준히 그리고 논리적인 연속성 속에서, 단순한 것에서부터 복잡한 것으로, 구체적인 것에서부터 추상적인 것으로 진행된다. 그러한 교육은 아이와 아이의 욕구에 대단히 잘 들어맞는다. 유아들은 놀이하는 것만큼이나 사물에 대해 열심히 배운다. 뿐만 아니라 내가 도착해서 아이들의 수업이 다소 늦어졌는데, 나는 그 아이들이 그 교육원의 원장에게 달려가 울면서 '오늘은 놀이만 하고 배우지는 말아야 하나요? 오늘은 형들만 배우게 되어 있나요?'라고 묻는 것에 주목했다."

"마지막 학기여서 고전과정을 배우는 고학년 학생들은 호레스(Horace), 플라톤(Plato), 패드러스(Phaedrus)와 데모스덴스(Demosthenes), 그리스어로 번역된 코넬리우스 네포스(Conelius Nepos)를 읽는다.

내가 첫 번째 방문하던 날 초급과정 수업을 자세히 살펴보았는데 모든 초등학교 수업이 그렇게 되어야 한다는 소망을 억누를 수 없었다. 그 고전수업에 대해 자세히 알아보니 불과 1820년에 개설되었기 때문에 얼마 되지 않았다고 했다. 이 짧은 기간에 학교 전체가 그만한 진보와 열기를 갖게 되었다는 사실에 나는 감탄하지 않을 수 없었다. 그리고 나는 제자가 된 듯 그 수업에 깊은 감사를 드리지 않을 수 없었다.

나의 경험은 이 기관에 대한 공정한 조사들과 일치하였다. 그 기관을 방

하일만의 영문 번역판 서문

문하고 조사한 모든 방문객들은 내가 듣기로는 기쁨을 느끼지 않고 돌아간 사람이 없으며, 많은 전문가들조차도 대단히 고무되었다고 한다. 특히 이 기관의 숭고한 목적과 목표를 달성하기 위해 완벽한 수준의 자연적인 방법을 쓰는 것에 감탄하였다. 이 같은 목표는 결코 지식 획득만이 아니다. 내면으로부터 자유롭고 자발적인 마음이 발달하도록 하는 것이 목표이다. 마음을 일깨우는 것과 아동의 능력을 강화하는 것, 그리고 아동 자신의 의식적인 성장력을 고무시켜 기쁨을 더해 주는 것 말고는 외부로부터 가해지는 것은 아무것도 없었다.

　이 기관의 원장은 모든 면에서 성숙한 사람이 가질 수 있는 고매한 열정을 가지고 있었다. 그런 사람은 숙명적으로 자신이 하는 일의 목적을 알고 있으며 그것이 바로 **전인(whole man)적** 발달로 이어진다. 이런 사람의 내면은 진정한 통찰과 진정한 신앙심으로 차 있다. 모든 아동들은 **통찰력과 신앙심**을 자신의 내적인 삶으로부터 펼치게 된다. 자신의 힘을 진정으로 의식하는 과정에서 자기 자신을 형성해 나간다."

　"아동들이 알아야 하는 것은 모양이 없는 덩어리가 아니라 형태와 생명이 있는 것이다. 그리고 그러한 지식은 가능한 한 즉각적으로 삶에 적용될 수 있는 것이어야 한다. 말하자면 모든 지식은 자신과 밀접해야 한다는 것이다. 그래서 철저히 다른 사람의 말을 반복적으로 따라 하거나 다른 아동의 막연한 지식과 같은 것이어서는 안 된다. 자신이 표현한 것은 자신의 내면에 존재하는 것이어야 하고, 밖에서 표현된 것은 분명하고 단호한 내적 필요에서 온 것이어야 한다. 교사가 틀렸다고 하더라도 자신의 실수를 명확히 인정하기 전까지는 자신의 주장을 바꿔서는 안 된다. 아동들이 어떤 것을 다루든지 **생각할 수 있는 능력**을 길러 주어야 한다. 생각할 수 없으면 다루지 말아야 한다. 수많은 규칙을 가지고 있는 따분한 문법조차도 그것이 역사, 습관, 위인들의 특성을 다루는 언어학습과 관계가 있으므로 그것과 함께 시작해야 한다. 이와 같이 전체적 의미로 보면 이 기관은 하나의 김나지움이다. 이

프뢰벨의 인간의 교육

렇게 함으로써 정신적 단련이 된다."

"처음 학교생활 6년간을 이곳에서 시작한다면 아이들이 얼마나 행복할까! 모든 학교가 이와 같은 교육기관으로 탈바꿈된다면 얼마 안 가서 아이들은 지적으로 더욱 강해지며 타락한 아이들도 순수해지고 고상해질 것이다."

내가 장학관 제흐의 기록을 제시한 이유는 프뢰벨이라는 사람이 속이 빈 열정만을 가진 몽상가가 아니라는 것을 보여 주기 위해서이다. 그의 『인간의 교육』은 그 후 그의 또 다른 저작물과 마찬가지로 그 자체가 생산적이고 창조적이며 진정 실속 있는 행위에서 우러난 진정한 열정과 실천적 삶으로부터 흘러나온 것이다.

다시, 나는 그의 실제 교육활동이 그렇듯이 그의 교육원리와 방법이 단지 어린 시절을 다루고 있다기보다 인간의 삶 중에서 가장 인상적인 시기에 맞추어져 있다는 점을 보여 주고자 한다. 사실 『인간의 교육』 후속편은 쓰여지지 않았다. 그 이유는 첫 번째 책에 담긴 그의 생각이 분명하지 못하거나 완벽하지 않아서가 아니라, 말로 하지 않으면서 삶 속에서 자신의 생각을 실천하는 데 너무 열중했기 때문이다.

사실 장학관 제흐의 보고서는 즉각적이고 강압적으로 카일하우를 더 어렵게 만들었다. 프러시아 정부의 탄압을 피할 수 없었기 때문이었다. 이러한 탄압에 의해 이 작은 왕국은 도서 출판과 책을 필사하는 정도의 일을 하는 곳으로 축소되었다.

사실 제흐의 보고서가 출간된 이듬해(1826년) 『인간의 교육』이 세상에 선을 보였다. 그렇지만 발행자가 출판 작업으로 인한 위험

부담을 떠안을 만큼 이 기관이 충분한 인기가 있는 것은 아니었기 때문에 프뢰벨은 이 일을 독립적으로 하였다. 이 책을 출판할 수 있는 정도의 물질과 신뢰가 남아 있었던 것은 다행이었다.

그런데 『인간의 교육』 출간 후 사태는 곧 악화되었다. 1829년에 아동 수는 60명에서 5명으로 감소했다. 마침내 1831년 프뢰벨은 그의 친구에게 사업을 넘겨주고 물러났다.

프뢰벨 정신의 위대성은 이와 같은 고난의 시절에 더욱 빛이 났다. 1829년 4월 첫째 날, 그는 "나의 저작은 우리 시대의 독특한 것이며 필요한 것이고 언제까지라도 환영받을 것이다. 이것을 활용한다면 인류는 인간의 성향과 존재를 성찰하는 데 필요한 방향을 알게 될 것이다. 나는 다른 사람들이 나와 다르게 생각하는 것에 불만은 없다. 나는 그것을 참을 수 있다. 그리고 나는 반대자들과 함께 어울려 살 수도 있지만 그들과 똑같은 삶의 목적을 가질 수는 없다. 그러나 이것은 나의 잘못이 아니라 그들의 잘못이다. 그런 잘못을 내가 고칠 수는 없다. 그들 스스로 고쳐야 할 일이다."라고 하였다.

그의 확고한 신념이 이 말에 다 들어 있다. 그의 동시대인들이 그 당시 어둠의 깊은 골짜기 속에 있어서 그의 고매함을 알지 못했거나 그의 높은 열망에 감동을 받지 못했다는 것은 의심의 여지가 없다. 그렇지만 지금도 그의 고귀함을 향해 열심히 반쯤 오른 사람, 피곤하고 낙담하여 주저앉은 사람, 그와 등을 돌린 사람, (그의 업적에) 잡초가 무성해지기를 갈망하는 사람들이 있다는 것도 의심의 여지가 없다. 불쌍한 인간들이여! 자신의 약점 때문에 축복이 담긴 빛을 비난하는구나. 그런 자들의 영혼 속으로 들어온 불멸의 빛이 어둠으로부터 사라질지 모르는 그들을 영원히 건져 올릴 것이다.

본 서문에 프뢰벨의 위대한 교육계획을 간결하게나마 고찰하여 제시할 수 있는 것에 감사하지 않을 수 없다. 그 계획은 완전한 통합성과 온전한 조화를 보여 주고 있다. 또 어떻게 해야 우리가 영원자의 손으로부터 거의 의식이 없는 아이를 받아서, 그 아이들이 생명을 존재하게 한 영원한 분과 의식적으로 하나가 되기 위해, 지속적으로 갈망하게 이끌 수 있는지 그 방법에 대하여 묘사되어 있다. 또 어떻게 어린 시기에 모든 피조물과 완전함, 철저함, 책임감 있는 관계를 갖도록 신앙심을 갖게 할 것인지, 어떻게 신앙심에 불을 붙여 우주적 선(善)의지를 강렬한 불꽃으로 번지게 할지, 그리고 어떻게 기술적으로 아이들이 삶과 경험의 장으로부터 풍성한 지식과 기술을 수확할 것인지, 또 지치지 않고 지속적으로 창조적인 삶을 살며 열렬히 행복한 생을 영위하며 세대에 걸쳐 삶을 고양시킬지 쓰여 있다. 또 어떻게 완벽하게 개인, 동료, 인류의 관심을 단란하고 신성한 가족에 기울이게 할지, 그리고 이 모두를 만물의 창조자인 하나님을 숭배할 수 있도록 할지, 또 어떻게 그의 아이들이 내적 연결과 모든 사물의 통일성에 관해 지식을 갖게 할 수 있는지, 그들이 알고 있는 것을 삶 속에서 삶을 위해 다루고 통제할 수 있는지, 어떻게 그가 보다 넓고 높은 지식에 목말라 하는 아이들의 열망을 채워 주었는지, 삶의 요구가 무엇이든 더 깊고 더 넓은 효율성에 신성한 배고픔을 갖게 하는지를 보여 주었다. 그리고 모든 소명과 작업이 가지는 내적 중요성과 불가피성을 보여 줌으로써, 그는 인

하일만의 영문 번역판 서문

류에게 효율적인 그의 교육방법이야말로 전 인류의 복지, 내면세계에 대한 감각, 책임질 줄 아는 인간성을 형성하는 데 도움이 된다는 느낌을 심어 주었다. 이러한 것들은 생의 여러 단계에서 가치 있는 척도로서 기독교의 참정신이다. 기독교 정신은 한 사람 한 사람을 인류의 소중한 보배로 생각하는 동시에 아버지 하나님 품 안에서 평등한 존재로 본다.

이 책을 철저하고 경건하게 다루고자 하는 독자들에게 본 서문과 같은 고찰은 별로 도움이 되지 못하겠지만, 이 책의 본문은 훨씬 분명하고 강렬해서 큰 도움을 받을 수 있을 것이다.

1836년 프뢰벨은『삶의 혁신』이라는 유명한 에세이집에서 미국을 가리켜 자유의 정신과 진정한 기독교 그리고 순수한 가족생활이 살아 있어 자신의 교육적 의도를 받아들일 수 있고 효과를 보기에 가장 적합한 나라라고 지적하였다. 상당한 정도 그의 예언은 이미 실현되었다. 본 번역서가 앞으로 그의 예언을 더 많이 더 널리 실현하여 프뢰벨의 교육방법을 촉진하고 강화하게 되기를 바란다!

하일만(W. Hailmann)

유아기의
인간

II

I

철학적 기본 개념

1
하나님과 통일성

　살아계신 하나님은 영원불멸의 법칙으로 만물을 지배한다. 이 영원불멸의 법칙에 깃든 정신은 세상 만물에 들어 있고, 인간의 마음에 채워지고, 퍼지고, 되살아난다. 이 정신은 다른 것으로 대체될 수 없는 그 어떤 필연적인 것이다. 정신적 통찰력은 외부세계에 존재하는 내면의 세계를 명료하게 보고, 외부세상을 통해서 내면의 세계를 지켜본다. 그리고 외부세계에서 진행되는 과정은 당연히 내면세계의 본질에서 비롯된다는 것을 안다. 이 법칙은 자연(외부세계), 영혼(내면세계) 속에, 자연과 영혼을 조화롭게 아우르는 삶 속에 명확하게 존재해 왔고 지금도 확실히 존재한다. 모든 것을 지배하고 있는 이 영원불멸의 법칙은 강하고, 생동감 있고, 내재적인 하나님의 통일성에 기초하고 있다. 우리는 이 사실을 신앙심이나 통찰력으로, 또 명료한 생각과 이해로 생생하게 알게 된다. 그러므로 인간은 세밀하고 명료한 지성으로 이러한 통일성을 인지하여야 한다.

　이 통일성은 하나님이시다. 만물은 신성한 통일성의 상징인 하나님으로부터 왔다. 또 만물은 신성한 통일성을 상징하는 하나님 한 분 앞에 그 근원을 갖고 있다. 하나님은 만물의 유일한 근원이다. 만물 내면에는 조화로운 하나님의 **신성**(神性)이 존재하고 지배한다. 만물은 하나님 안에서, 하나님을 통해서 살고 존재한다. 만물은 그들 내면에 존재하는 **신성을 밖으로 발현함으로써** 존재한다. 사물 하나하나에 존재하는 신성이 발현됨으로써 그 사물은 본질을 보여 준다.

2

인간 내면의 신성 발현

만물이 자기의 본질을 밖으로 발현시키고 이로 인해 자신의 신성함, 즉 신성한 통일성 자체를 외부세계로 일시적으로나마 피어나게 하는 것은 운명이자 필생의 과업이다. 지성적이고 이성적 존재인 인간이 자기 내면의 본질을 분명하게 인식하고 내면에 존재하는 신성을 발현하는 것도 인간의 운명이자 생의 과업이다. 이러한 인간의 운명과 필생의 과업에 확신을 가지려면, 그 본성이 능동적으로 기능해야 한다. 스스로 그렇게 하겠다는 **자유의지**를 가져야 한다는 뜻이다. 생활 중에 본성이 나타나게 하는 것 역시 인간의 운명이고 과업이다.

교육은 인간을 사고하는 지성인으로 기르고, 스스로 성장하게 도우며, 순수하고 깨끗한 의식으로 내면의 신성을 자유롭게 표현하게 하는 것이다. 교육은 이를 성취할 수 있도록 방법과 수단을 가르치는 것이다.

3
영원불멸의 법칙

영원히 변치 않는 법칙에 대한 지식, 법칙의 기원과 본질을 아는 통찰력, 전체를 보는 통찰력, 관계를 파악하는 능력, 법칙이 미치는 강력한 효과의 파악, 총체적으로 법칙 안에서 일어나는 삶을 아는 지식이 바로 **삶의 과학**이다. 사람이 자신의 내면에서, 또 내면을 통해 지성을 밖으로 표현하고 연습하여 스스로 인식하고 생각할 수 있는 지성적 존재가 되게 하는 것이 바로 **교육과학**이고, 영원불멸의 법칙을 알고 연구하여 체계화한 것이 **교육이론**이다. 인간의 운명을 감당하기 위해, 이성적인 존재로 성장하고 능력을 개발하기 위해 지식을 능동적으로 적용하는 것은 **교육의 실제**이다.

교육의 목적은 성실한 삶, 순수한 삶, 신성한 삶, 그리고 거룩한 삶을 실현하는 것이다.

지식 배우기, 생활 중에 지식으로 깨닫기, 신실하게 살기, 순수하며 성스러운 삶을 살며 조화롭게 성장하는 것이 **생활의 지혜**이다. 이는 가장 순수한 지혜이다.

4
지혜로워지는 교육

　지혜로워지는 것은 인간이 성취해야 할 가장 중요하고 숭고한 목적이다. 인간이 의식, 자유, 자기 결정 능력을 갖기 위해 자신을 교육하고 또 타인까지 교육하는 것은 지혜를 두 배로 성취하는 것이다. 인간이 지구상에 처음 출현했을 때 이미 시작된 **지혜로워지기**는 자기의식을 충분히 갖게 되어야 성취된다. 이를 성취함으로써 인간은 가장 인간답게 살 수 있는 길로 들어서게 된다. 이는 내적 성숙을 확실하게 이루어 내고 외적인 성취 또한 달성하게 할 뿐 아니라 신실하고 순수하며 거룩하게 살게 할 것이므로 행복한 삶을 살 수 있게 된다.

5
교육의 목적

　교육에 의해 인간의 신성은 개화되고 소생될 뿐 아니라 의식도 향상된다. 교육에 의해 인간은 내면에 존재하는 신성의 법칙에 의식적으로 순응하여 생활 중에 **신성을 자유롭게 표현**하게 된다.
　가르치는 이는 인간으로 하여금 신성하고, 영원히 변치 않을 원리를 볼 수 있고 알 수 있도록 이끌어 주어야만 한다. 영원불멸의 법칙은 주변의 자연에 깃들어 있고 자연의 본질에 담겨 있다. 그리고 자연 속에 영원히 살아 있을 것이다. 영원불멸의 법칙은 상호관계를 맺으며 생활할 때, 자연과 인간이 관계를 맺을 때 모두 지배한다. 전반적으로 교육자는 인간과 자연이 모두 하나님으로부터 왔고, 하나님이 주관하시며, 하나님 안에서만 존재한다는 사실을 인식하게 가르치고 이를 삶에 적용하게 해야 한다.

교육자는 아이들로 하여금 자연과 함께 조화롭게 어울려 지내고 하나님 안에서 자연과 하나가 되도록 이끌어 주고 안내해야만 한다. 그렇게 교육하면 인간은 자신을 더 잘 알고, 인류를 더 잘 알 수 있으며, 하나님과 자연에 대한 지식도 증가할 것이다. 이러한 지식은 인간으로 하여금 순수하고 거룩한 삶에 대한 지식을 갖게 해 준다.

6
내면을 중시하는 교육

교육은 유아의 가장 깊은 내면을 고려하는 것에서 시작해야 한다. 사물 내면의 본질은 인간의 영혼에 의해, 그리고 겉으로 표현된 것에 의해 인식된다. 내면, 영혼, 사물과 인간의 신성한 본질은 그것이 표면에 드러나 보일 때 알 수 있다.

따라서 모든 교육, 모든 지도와 훈련, 모든 자유로운 성장으로서의 삶은 인간과 사물이 외부세계로 자신을 명료하게 표현하는 것으로부터 출발해야 한다. 그리고 외부로부터 시작되는 다음의 과정은 다시 내면세계로 향하여 내면세계에 대해 판단하게 한다.

교육자는 외부의 잣대로 내면세계를 추론하지 말아야 한다. 교육의 과정에서 처음 예측했던 것과 반대로 추론해야 하는 때가 있기 때문이다. 자연의 본질은 다양하고 복잡해서 쉽게 추론하기 힘들다. 세상의 사물을 있게 한 하나님의 다양성은 추론할 수 없어서이다. 두 경우 모두, 추론은 자연의 다양성에서 시작하여 세상을 있게 한 분의 통일성을 알게 하고, 하나님의 통일성에서 시작하여 자연의 발달과정에서 일어나는 다양성을 알도록 안내하는 방향이어야 한다.

이 사실을 적용하는 데 실패하는 것, 또는 계속 그것에 대해 죄를 짓는 것, 그리고 삶의 외적 표현만으로 유아기와 아동기 내면의 삶에 대해 추론하는 것은 적대와 싸움을 일으키고, 삶과 교육에서 빈번히 실수하게 만드는 주요 원인이다.

외적인 것으로 내면을 판단하는 교육은 아이들의 동기를 수없이 오판하게 한다. 이는 아이들의 교육을 엄청나게 실패하게 할 것이며, 부모와 아이 사이에 끝없는 오해를 불러일으킬 것이다. 또 아이들을 쓸데없이 나무라거나 책망하며, 아이들이 할 수 없는 일을 끊임없이 하게 한다. 그러므로 부모, 교육자, 교사들은 가장 작은 일에도 내면을 중요하게 생각하려고 노력해야만 한다. 이것은 부모와 자녀, 학생과 교육자, 교사와 가르침을 받는 자의 관계 속에 아직 제대로 실현되지 않았지만 노력만으로도 밝음 · 견고함 · 평온

함을 가져다줄 것이다. 겉으로는 좋아 보이나 내면적으로는 좋지 않은 아이들이 있고, 자발적으로 좋은 것을 갈망하는 아이가 있는 반면, 좋은 것을 바라지 않는 아이들이 있다. 겉보기에 좋지 않아 보이지만 내면으로는 사랑·존경·감사하며 생기 있고, 간절하게 소망하며, 자발적으로 선한 행동을 강력히 열망하는 아이들이 있다. 겉으로는 부주의하고, 거칠고, 고집 세고, 억지를 부리는 아이들이지만 외부세계의 모든 유혹에 흔들리지 않고 알아야 할 내면의 진리를 따르는 아이도 있다.

7
교사의 수동적 역할

지도와 훈련을 하는 교사는 첫 번째 원칙으로 수동적이어야 하고 따르는 것이어야 한다. 그러나 보호하고 지키는 것은 항상 교사가 해야 한다. 둘째, 교사는 규정적이거나 명확하게 범주화하거나 간섭해서는 안 된다.

8
명령적 교육의 위험

본질적으로 아이들이 태어날 때 갖게 되는 신성한 통일성은 필연적으로 선하다. 선하다는 말 외에는 그 어느 말도 할 수 없다. 이러한 필연성은 아직도 창조의 과정 중에 있는 아이들이 비록 무의식적이긴 하지만 자연의 피조물로서, 자신이 할 수 있는 최선의 상태를 확실히 추구할 수 있다는 것을 의미한다. 더욱이 아이는 그의 타고난 기질, 잠재 능력, 수단뿐 아니라 그가 처한 상황에 전반적으로 적응하면서 최선의 선을 추구한다. 아기오리들이 연못가로 서둘러 가 물속으로 뛰어들어 먹이를 찾고, 병아리들은 땅을 긁으며 먹이를 찾고, 아기제비들은 날개로 먹이를 잡지만 땅은 거의 건드리지 않는 것을 예로 들 수 있다. 자, 앞서 밝힌 역추론의 법칙, 유사한 다른 법칙, 그리고 이런 것들을 교육에 적용하고 활용하는 데 대해 누가 뭐라고 하든지 간에 이러한 법칙을 전적으로 신뢰하고 따라야 한다는 진리는 앞으로 후세대들이 계속 충분히 입증할 것이다.

우리는 어린 식물들과 동물들이 그들 안에 내재해 있는 법칙에 따라 성장하도록 공간과 시간을 준다. 발달 단계에 알맞은 성장을 할 수 있도록 영양분을 공급하고 물을 주고 성장에 해가 되는 인위적 간섭은 피한다. 자연의 법칙과 반대로 하는 것은 그들의 잠재력을 있는 그대로 개화시키지 못하고 건전한 발달을 못하게 하기 때문이다. 그러나 사람들은 아이들을 자신이 원하는 대로 만들어 낼 수 있는 밀랍덩어리나 진흙덩어리처럼 여긴다. 정원, 벌판, 초원을 거니는 그대여, 왜 당신은 자연이 말없이 가르치는 방법을 배우려 하지 않는가? 보라, 제약과 악조건 속에 성장하는 잡초조차도 내적 법칙을 발현시키는 것을 거의 포기하지 않는다. 들판이나 정원에서 자연의 내적 법칙을 보라. 그리고 세상 만물이 자연의 법칙에 얼마나 완벽하게 순응하며 순수한 내면의 삶을 보여 주는지 사물의 모든 부분과 전체 모습은 얼마나 조화롭게 어울리는지, 아름다운 태양이나 빛나는 별과 더불어 사물의 내적인 요소가 지구상에서 꽃피는 것을 보라. 그러므로 부모들이여, 발달이 유연한 시기에 자녀의 본성에 역행해서 어떤 형태나 목적을 강요하지 말라. 자녀들이 건전하지 않고 자연적이 아니어서 기형으로 자라게 하겠는가? 당신의 자녀들도 꽃이나 어린 동물처럼 아름답게 개화하고 모든 면에서 조화를 이루며 자랄 수 있어야 하지 않을까?

신성한 법칙의 영향과 인간 본연의 건전성 및 전체성에 비추어볼 때, 어른 마음대로 인위적, 처방적, 범주적으로 간섭하는 교육은 필연적으로 아이를 억누르고 훼방 놓고 파괴한다. 자연으로부터 얻을 수 있는 또 다른 교훈은 포도나무이다. 포도덩굴은 반드시 가지치기를 해 주어야 하지만 이러한 가지치기가 그 해에 포도주를 보장해 주지는 않는다는 사실이다. 그러나 가지치기는 정원사가 아무리 좋은 의도를 가지고 가지치기를 했다 해도 덩굴 전체를 망칠 수 있다. 완전히 망가뜨리지 않는다 해도 포도나무의 성질에 따라 **수동적으로 주의해서 자르지 않으면** 꽃가루 수분과 생산성을 손상시킬 것이다. 자연에 살고 있는 동식물을 다룰 때 우리는 종종 바른 길을 걷지만, 사람을 다루는 데는 바른 길을 걷지 못한다. 그러나 인간과 식물에 작용하는 힘은 같은 뿌리에서 비롯되었고 같은 법칙을 따른다. 그러므로 이러한 관점에서 볼 때 인간이 자연을 고려하고 관찰하는 것은 매우 중요하다.

자연, 특히 사람 속에 있는 자연적 특성은 손상되지 않는 원래의 상태를 거의 보여 주지 않는다. 그러므로 사람 속에 자연 그대로의 상태가 있으며 **사람 속에 자연적 특성이 존재한다**고 믿을 필요가 있다. 내면에 손상 받지 않은 자연적 특성이 없다고 생각한다면 우리 생각과는 달리 실제 존재할지도 모르는 내면세계는 손상되지 않은 자연적 특성을 쉽게 손상 받게 될 것이다. 만일 교육받아야 할 인간의 내면 및 외면적 특성이 손상되었다는 증거가 분명히 나타나면, 직접 규범적이고 명령적인 교육으로 매우 엄하게 가르쳐 바로잡아야 한다.

그러나 인간의 내면이 손상되었다는 사실을 확실히 증명하는 것은 가능하지도 않고 종종 어렵다. 적어도 손상의 원인과 그로 인해 나타나는 성향을 알 수 없다. 다시 말하자면, 내면세계를 가장 본질적으로 잘 알아낼 수 있는 기준은 인간 자체에 있기 때문이다. 이러한 관점에서 볼 때, 모든 가르침과 훈련을 위한 교육은 명령적·규범적이기보다는 아이의 본성을 더 많이 따라가고 수동적이 되어야 한다. 만일 명령적이고 규범적인 교육을 전면 실시한다면 우리는 인간의 순수하고, 확실하며, 지속적으로 발달하는 모습을 전혀 보지 못하게 될 것이 틀림없다. 예를 들어, 앞에서 이미 살펴보았지만

프뢰벨의 인간의 교육

인간이 살아가는 동안 내면에 있는 신성(神性)을 자유롭게 자발적으로 표현하게 하는 것은 교육의 목적이자 목표이며 인간이 궁극적으로 가야 할 길이다.

그러므로 완전히 규범적이고 명령적이며 진단적인 교육은 지적으로 자기의식이 높은 삶과 하나님과 하나가 된 조화로운 삶, 부자 또는 스승 제자 간에 느끼는 조화로운 공동체 의식 앞에서는 설 자리가 없다. 그래야만 인간 전체의 본성 및 개개인 유아의 본성을 통찰력을 갖고 추론해 낼 수 있다.

유아가 태어날 당시 가졌던 온전한 모습이 어떠한 손상이나 방해를 받기 전에 그리고 원래 모습과 성향이 확실히 자리 잡기 전에 우리는 아이가 관계를 맺도록 하고 모든 측면에서 환경이 아이에게 맞도록 돕는 일을 해야 한다. 그 외에 우리가 할 일은 없다. 이런 일은 아이의 행동을 거울에 비춘 듯이 반사시켜 주어 자기 행동의 효과와 결과를 쉽고 빠르게 알게 하고 아이 자신과 다른 사람에게 아이의 상태를 있는 그대로 쉽게 알게 해 준다. 또 아이의 내면이 손상됨으로 인해 갖게 될 나쁜 결과와 손실을 최소화하는 일이 가능하다.

9
자유로운 자기활동

    지시하거나 간섭하는 교육은 다음의 두 가지 이유에서만 정당화될 수 있다. 첫째, 명백하고 생명력 있는 사상, 자명한 진리를 가르쳐야 할 때, 둘째, 경험으로 확립한 이상적 가치와 삶과 연관된 내용을 가르칠 때이다. 그러나 자명하고 생명력 있고 절대적인 진리가 있는 곳에는 영원불멸의 원리 자체가 지배하고 있기 때문에 교사는 수동적으로 따라가는 태도로 교육해야 한다.

    왜냐하면 생명력 있는 사상, 하나님으로부터 받은 신성은 아이들로 하여금 자유롭게 활동하고 자기 스스로 결정하도록 힘을 주기 때문이다.

10
정신의 이상적 가치

    경험에 의해 이상적 가치를 확실하게 세운 사람은 결코 외형의 모습으로 보여 주려 하지 않는다. 자신의 본질과 정신이 모범이 되기 위해 노력한다. 정신적 측면의 완전성을 외형으로 보일 수 있다고 생각하는 것은 가장 큰 실수이다. 외형을 완전하게 하여 모범을 보이려는 사람은 인류를 향상시키는 대신 인류의 발달을 저해하고 방해하고 억압한다. 이런 현상을 우리는 일상생활에서 많이 본다.

11
능동적인 자유로운 인간

　예수 자신은 그의 삶과 가르침에서, 외형적으로 완전성을 모방하는 것조차 반대하였다. 오직 정신적으로 노력하여 얻은 생명력 있는 완전성만을 이상적인 것으로 붙들어야 한다고 했다. 그러나 내적인 것을 외적으로 표현하고 외적 형식으로 나타내는 것은 제한하지 말아야 한다고 강조했다. 가장 고귀하고 완벽한 삶은, 기독교인으로서 예수 안에서 찾을 수 있다. 인류에게 알려진 가장 고귀한 삶은 초월자가 존재의 근원임을 알고, 그가 자신을 존재하게 한 이유를 자기 안에서 분명하고 명백하게 찾아내는 삶이다. 영원불멸의 법칙과 조화를 이루는 삶은 스스로 기능하고 스스로 존재하는 전지전능하신 분으로부터 온 삶이다. 이와 같이 고귀하고 영원할 뿐 아니라 온전한 삶을 사는 인간은 영원한 이상형의 형상을 닮게 될 것이다. 이런 사람은 다시 자신과 다른 사람을 위해 똑같이 이상적인 모습을 갖게 될 것이다. 또 한 사람 한 사람이 영원한 법칙에 따라 자발적이고 자유롭게 자신의 내면을 발전시킬 것이다. 이것은 실제로 지도와 훈련을 하는 모든 교육의 과제이자 목적이다. 그 이외의 다른 것은 존재할 수 없고 존재해서도 안 된다. 그러므로 영원한 이상적 존재의 모습을 다룰 때에는 수동적으로 따라가며 대처해야 한다는 것을 반드시 알아야 한다.

12
좋은 교육

　인간의 내적 본질에는 생명의 샘, 영원한 정신이 있는데 이를 밖으로 표현할 때에는 규범적이고 명약관화하게 해야 한다. 이 표현의 욕구가 개인의 본성뿐 아니라 전능자의 본질을 확고하게 나타낼 수 있을 때, 또 표현된 것을 보는 상대방이 하나님의 본질을 인정할 수 있을 때, 또 그것이 누군가에게 전달되었을 때에만 우리는 그의 내적 본질을 알 수 있기 때문이다.

　좋은 교육, 진실한 교육, 진정한 훈육에서 필요한 것은 무엇일까? 외부로부터 부당한 강요를 받을 때에라도 용감하게 내적 자유의지를 표현할 수 있고, 외부로부터 받는 미움까지 내적 사랑으로 바꾸는 등 자기 결정 능력을 길러 주는 것이다. 미움은 미움을 가져온다. 그리고 부정직·죄·강요는 예속을, 궁핍은 노예상태를 가져온다. 억압이 있는 곳에서는 자유가 파괴되거나 감소된다. 그리고 엄격함과 가혹함은 완고함과 기만을 기른다. 이런 종류의 교육은 실패한 것이다. 후자를 피하고 전자를 얻기 위해 모든 규정은 학습자의 본성과 필요에 적합해야 하고 학습자의 협력을 받으며 정해야 한다. 어쩔 수 없이 학습자를 제한하는 교육을 해야 할 때 학습자가 반항하거나 저항하지 않고 세부적인 사항이나 지엽적인 것들을 견디어 내는 경우가 있다. 이 경우, 그런 규정이나 제한을 하는 사람 자신이 우주를 영원히 지배하는 법칙을 엄격히 지키고 피하지 않기 때문이다. 그렇게 되면 교육에서의 모든 독재는 추방되고 좋은 교육이 가능하다. 교사 자신이 긍정적이어야 하고 규범을 지켜야 하는 이유이다.

13
양면성을 고려하여 사회적 태도 가르치기

　유아를 가르치고 훈육하려면 항상 두 가지 측면을 고려하여야 한다. '주고 vs 받기' '전체 vs 부분' '지시하기 vs 발달에 순응하며 따르기' '능동적으로 행동하기 vs 수동적으로 행동하기' '원하는 것 받아 주기 vs 하지 말아야 할 일 하지 않게 하기 ' '단호하게 주장하기 vs 양보하기'이다. 배우는 아이들도 서로 상반되는 일들이지만 꼭 배워야 할 것은 배워야 한다는 것을 알게 해야 한다. 교육자와 학습자 사이, 명령하는 자와 복종하는 자 사이의 보이지 않는 제3의 법칙을 함께 생각해야 한다. 이 제3의 법칙은 정의이고 최선의 것이며, 세상이 바뀌어도 달라지지 않는, 필연적으로 존재하는, 사회적 약속이다. 제3의 법칙이 지배하는 상황을 조용히 받아들이고 명확히 인식하며, 이 법칙을 진지하고 긍정적인 태도로 따라야 한다. 이 것은 교사가 끊임없이 몸에 익혀 행동으로 보여야 할 중요한 태도이다. 그리고 교육자는 자주 이 점을 단호하고 엄격하게 강조해야 한다. 유아나 아동은 교육자, 교사, 아버지, 어머니가 말씀하시거나 요구하시는 것을 듣고 쉽게 할 수 있는 내용인지, 마음대로 해도 되는 것인지, 반드시 지켜야 할 규칙 또는 일인지를 매우 예민하게 느끼고 생각하고 따라야 한다. 어른들 자신이 제3의 법칙을 지키지 않거나 아이 멋대로 행동하게 내버려 둔다면 방임하는 것이다. 해 야 할 일과 하지 말아야 할 일을 구분할 수 없는 아이로 키우고 있는 것이다.

14
정신적 발달의 법칙

유아, 학생, 교사가 동등한 주체가 되어 영원불멸의 법칙을 신실하게 행하여야 정신이 정상적으로 발달한다. 교육자와 교사가 가르치는 모든 내용에 제3의 법칙—영원불멸의 법칙이 소상하게 나타나야 한다. 어린이들을 가르치며 교사가 기억해야 할 영원불멸의 원칙은 다음과 같다.

* 꼭 가르쳐야 할 중요한 것을 선별하여 가르쳐라.

* 내가 한 말과 행동이 이 문제를 해결하는 데 어떤 영향을 미쳤는지 관찰하라.

* 이 결과에 대해 생각해 보고 더 좋은 방법이 있는지 판단하라.

* 다른 사람들을 가르치는 위치에 있는 이들은 당신 영혼의 본질이 행동을 통해 밖으로 표현되게 하라. 또한 당신의 내적 본질을 관찰하여 무엇을 어떻게 바꾸어 향상시킬 수 있는지 판단하라.

교육자, 교사는 개별화, 특수화된 것은 일반화하고, 일반화된 것은 특수화 내지 개별적인 것으로 만들면서 이 두 가지를 설명해야 한다. 교육자는 내적인 것을 외적인 것으로, 외적인 것은 내적인 것으로 만들어야 한다. 그리고 이 두 가지를 조화시키는 일이 왜 필요한지 일깨워 주어야 한다. 그는 무한한 것에 기초하여 유한한 것을 생각하고, 유한한 것에 기초하여 무한한 것을 생각해야 하며 이 두 가지를 생활 중에 조화시켜야 한다. 교육자는 인간이 어떤 모습이든지 간에 그 속에서 하나님의 본질을 인식하며, 인간의 본성은 하나님을 향해야 한다. 이 두 가지가 삶에서 각각 나타나도록 추구해야 한다(§25 참조).

이 원칙은 인간의 본성으로부터 더욱 명백하고 확실하게 드러난다. 그리고 인간이 자신을 연구하고, 성장하는 인간의 모습을 연구하며, 인간 발달사를 연구할 때 더 선명하고, 명확하게 나타난다.

15
하나님의 자녀, 인류의 자녀인 인간

태어날 때 인간 내면에 심어 놓은 신성이 개화하므로 사람은 생활하는 동안, 유한한 것에 무한한 것을 나타내고, 일시적인 것 속에 영원한 것을 나타낸다. 더 중요한 것은 인간적인 것 중에 하나님의 나라를 나타내며, 인간 내면의 신성을 표현한다. 인간으로 하여금 신성을 표현하게 하는 것은 다양한 교육의 가장 중요한 목적이자 목표이다. 아기가 이 세상에 태어나는 즉시 부모는 교육자의 자세로 이 목적을 성취하겠다는 태도로 아기를 바라보아야 한다. 예를 들면, 예수의 탄생을 예고 받은 마리아가 아직 태어나지 않아 보이지도 않는 아기를 위해 조심스럽게 행동하며 양육한 것처럼 우리도 그렇게 해야 한다.

예수의 영혼이 영원불멸한 것처럼 이 세상에 태어나는 모든 인간은 하나님의 신령하심이 인간의 모습으로 태어난 것으로 봐야 한다. 또 아기는 하나님이 인간을 사랑한다는 징표, 하나님이 우리 가까이 계신다는 징표, 하나님의 은총의 징표, 즉 하나님의 선물로 생각해야 한다.

초기 기독교인들이 자녀들에게 지어 준 이름에서 볼 수 있듯이 그들은 자녀들을 지금까지 설명한 관점으로 보았다. 어린 아이들을 포함해 모든 인간은 우리 사회에 꼭 필요한 중요한 존재로 인정했고 대우했다. 그렇기 때문에, 보호자인 부모들은 하나님과 아이들, 또 인류에 대한 책임이 있다. 부모들은 그들의 자녀가 인류 발전을 위해 어떤 일을 어떻게 할 수 있을지에 대해 생각해 보아야만 한다. 부모들로 하여금 인류의 발전과 종족 발전에 필요한 일들을 과거, 현재, 미래의 생활과 연관 지어 생각해 보게 해야 한다. 인간의 특성은 인간 내면에 신성을 선물로 주신 하나님과 관련이 있고, 자연과 관련이 있으며, 인류와 관련이 있음을 알아야 한다. 또한 인간 자신의 내면에는 하나님을 나타내는 통일성이 있음을 이해하고, 자연에는 다양성이 있으며, 인류를 구성하는 인간 개개인의 개별성이 있음도 이해해야 한다. 이는 과거, 현재, 미래에도 진리이다(§18 참조).

16
개인의 본성과 인간성

밖으로 나타나는 인간성을 보며 발달이 잘되었다거나, 잘못되었다거나, 희망이 없는 것으로 보아서는 안 된다. 반대로 인간성은 무한하고, 영원한 목적을 향하여 단계 단계를 거치며 계속 발달하는 것으로 생각해야 한다.

인간성이 이미 완성되었다고 보는 사람, 정지된 것으로 보는 사람, 현재의 발달단계는 그저 반복될 뿐이고 이 자체가 대부분 결정된 것이라고 보는 사람은 말도 안 되는 치명적인 오류를 범하는 것이다. 이렇게 보는 사람들은 아이들이, 아니 앞으로 태어날 아이들

I. 철학적 기본 개념

모두 우리 어른들이 해 놓은 것을 모방만 하라는 뜻이기 때문이다. 어른들의 업적을 생각 없이 베끼기만 하라는 것과 똑같다. 이는 인간이 전인으로 발달하는 데 바람직하지도 않고, 앞으로 태어날 후세대들에게도 도움이 되지 않는다. 이 세상에 태어나는 사람들은 인류가 쌓아 온 발전과 문화를 배워야 하는 것이 맞다. 할 수 있는 한 과거와 현재를 이해해야 한다. 그러나 이 과정을 생각 없이 모방하거나 베끼기만 해서는 안 된다. 생동감 있는 방법으로, 자발적인 활동으로 배우되 새롭게 창조하여 변하게 해야 한다(§24 참조).

모든 사람들은 자신을 위해 또는 다른 사람을 위해 이런 단계들을 자발적이고 자유로운 방식으로 해 나가야 한다. 모든 사람들은 하나님의 자녀로서 또한 인류의 한 사람으로서 그 안에 전인으로서의 인성이 존재하고 살아 있다. 한 명 한 명의 인성은 각각 다르고 특수하고 개인적이며, 독특한 방법으로 표현되고 실현된다. 또 개개인의 인성은 다른 사람과는 완전히 다른 독특한 방법으로 나타나야 한다. 그래야 하나님의 신성과 인간의 영혼이 분명하게 깨달아질 것이고, 무한함과 영원함을 보다 명백하고 확실하게 느낄 것이며, 현존하는 다양성을 이해하게 될 것이다.

인간과 인간의 본성에 대해, 있는 그대로의 본성에 대해, 열심히 스스로 탐색해 보아야 한다. 이 과정에서 얻는 종합적인 지식과 인간관만이 아기가 수정된 순간부터 필요로 하는 교육과 양육에 대해 알게 한다. 이 지식으로 내면의 신성이 피어나고, 꽃피고, 열매 맺고, 무르익게 하는 참교육을 할 수 있다.

17
부모의 의무, 자식의 운명

   이 모든 것을 참고하여 부모들은 아기가 탄생하기 전과 후에 준비하는 마음으로 분명히, 그리고 실수 없이 순수하게 행동해야만 하고 말과 행동이 진실되어야 하며 인간의 존엄성과 가치를 충분히 인식하고 통감해야만 한다. 이는 부모로 하여금 자신은 하나님이 주신 선물인 아기를 보호하고 지켜 주는 보호자임을 생각하게 하고 또 인간의 사명과 운명을 깨닫게 하며 이를 알게 한다. 이제 아이의 운명은 발달과정 중에 본성을 받아들여 자기 것으로 하기 시작한다. 아버지 어머니의 성격, 그들의 지적 · 정서적 성향이 아이의 내면에 자리 잡아 닮아 간다. 그렇지만 그것들은 아이들의 내면에 아직 에너지나 성향으로 잠재되어 있다. 마찬가지로 하나님의 **자녀인 인간의 운명**은 자연의 일부로서 하나님과 자연의 정신을 조화롭고 화목하게 표현하고 자연적인 것과 신성한 것의 조화를 추구하며, 현세와 천국, 유한한 것과 무한한 것과의 조화를 추구하여 표현하는 것이다. 다시 말하면 **가족의 일원**으로서 아이의 본성을 자연스럽게 개화하고 표상하는 것이다. 이와 유사하게 **인류의 일원**으로서 인간은 인류의 본성, 잠재력, 성향을 전적으로 개화하고 표상할 운명과 사명이 있다.

부모와 가족의 본성은 그들 내면에 숨겨져 있어 전혀 인식되지 못하지만, 만일 그들이 일상생활에서 잠재력을 꽃피우고 표현할 수 있다면 그 본성을 인식할 수 있게 된다. 자녀에 의해 이들의 본성은 순수하고 완전하게 발전되고 완벽하게 표현될 것이다. 하나님과 인간의 영혼이 숨겨져 있고 인식되지 않는다 해도 한 명 한 명의 아이가 완벽하고 순수하게 자신의 개별성과 인성에 따라 가능한 한 많이 개화하고 표현할 수 있다면 하나님의 자녀로서, 전체 인류의 자녀로서, 그 본성은 언젠가 순수하고 완벽하게 발현될 것이다. 이러한 일은 인간이 창조주와 피조물, 하나님과 자연이 있는 곳에서 자신을 완성하려 할 때 이루어진다. 생활 중에 내면과 외부세계를 조화시켜 하나님의 통일성을 표현하면서 순수함과 완전함을 보인다면, 모든 개개인이 외부로 반응할 때 순수함과 완전함을 보인다면, 또 아이가 하는 모든 일에 다양성이 있다면 가능하다. **통합성, 개별성, 다양성 이 세 가지가 함께 표현될 때 개인의 내적 본질이 완벽하게 나타나고 발현된다.** 세 요인 중 어느 하나라도 부족하거나, 불완전하게 인식된다면 표현이 불완전하여 미완성이 되고 만다. 불완전할 뿐 아니라 통찰력도 부족해진다. 앞에서 말한 방식에 의해서 개개 사물의 본질이 완전히 나타나고 발현되어야 삼위일체가 인식된다. 또 올바른 지식과 본질을 이해할 수 있게 된다(§15 참조).

19
유아교육의 필요성

아기가 출생하는 그 순간부터 부모는 자연적 본성에 부합하는 방식으로 아이를 바라보아야 하고, 이에 알맞은 방식으로 아이의 잠재 능력이 자유롭게 피어나도록 해야 한다. 또 능력이 전면적으로 활용될 수 있도록 해야 한다. 어떤 이유에서든 특정한 능력이나 기관만을 사용하고 다른 부분들을 사용하지 않는다면 발달장애가 일어난다. 부분적으로라도 유아를 속박하거나 구속하거나 과보호하면 나중에 버릇이 나빠진다. 유아는 어릴 때부터 자신의 모든 잠재 능력과 신체기관들의 중요한 점과 기능을 발견하는 방법을 배워야만 한다. 아기들이 자기 스스로 이것들을 사용할 수 있는 방법을 알아내려면 자유롭게 움직여야 한다. 능동적으로 자신의 손으로 잡고, 자신의 발로 서서 걸으며, 자신의 눈으로 발견하고 관찰하며, 그의 신체기관들을 균형 있게 또 골고루 사용하게 하여야 한다. 아기들에게 가장 어려운 일들을 배우고 적용하며 실행해야만 한다. 이 일은 탈선, 교란, 방해가 많음에도 불구하고 자기 삶의 중심과 기둥을 빨리 잡을 수 있게 하는 지름길이다.

I. 철학적 기본 개념

20
힘의 작용

　아기 출생 순간의 첫 울음은 힘을 나타낸다. 강한 힘의 작용은 저항으로 나타난다. 아기의 첫 번째 울음, 두 발로 미는 것이 무엇이든지 간에 힘차게 발로 밀어내는 것, 작은 손에 닿는 것이 무엇이든지 힘 있게 움켜쥐는 것이 아기의 힘이다. 잠시 후 이러한 힘과 함께 아기의 공감 능력이 발달되는데, 상쾌한 공기를 마실 때 배어 나오는 아기의 미소, 즐거움, 기쁨, 발랄함으로 알 수 있다. 이것은 아기에게서 처음 싹트는 자아의식의 발현이다. 그러므로 아기의 첫 번째 발성은 인간의 삶을 처음 시작하는 소리이며 안정과 불안정, 기쁨과 슬픔, 미소와 눈물을 나타낸다.

　안정감, 기쁨, 미소는 아기의 느낌이 무엇이든 간에 순수하게 방해받지 않으며 성장하고 있음을 알려 준다. 인간으로서의 본성, 아기의 삶, 아이 내면에 자리 잡은 인간다운 삶에도 잘 적응하고 있음을 보여 준다. 이러한 특성을 키워 주고 보호하는 것은 아기에게 영향을 주는 모든 형태의 교육이 최우선적으로 생각해야 할 일이다. 아이의 성장발달, 삶의 질 향상, 삶의 표상에서 첫 번째로 관심을 두어야 하는 것이 표현이다.

　영유아기에 불안감, 슬픔, 눈물이 많은 것은 성장발달의 어느 부분이 잘못되고 있음을 나타낸다. 교육자들은 그 원인이나 근거들을 찾고 제거하려고 애써야 한다.

갓 태어난 후 아주 처음에만, 아기의 초조함, 불안감, 고집스럽게 우는 것, 억척스럽게 표현하는 것을 받아 준다. 그러나 이 작은 아기가 느끼기 시작하자마자, 어떻게 어느 정도 만큼 받아 주어야 할지 판단하기 쉽지 않지만, 아기를 제멋대로 내버려 두거나 무관심과 나태함으로 내버려 두면 잘못된 행동이 점점 습관화되기 시작한다. 이와 같은 불행한 느낌이 아기에게 자리 잡을 때마다 아기는 고집을 부릴 것이고 이 잘못된 고집은 부모가 큰 잘못을 저질렀음을 나타낸다.

부모의 잘못은 아이와 그의 주변을 파괴하며 좋은 본성이 자라날 기회를 막는다. 그 잘못은 곧 교활함, 기만, 반항, 강박감의 씨앗이 되고 아이가 계속 슬픔을 느끼게 만들며 섬뜩한 잘못을 저지르게 만든다.

부모들은 옳은 방법을 선택하려 하지만 방법이나 진행하는 형식에서 잘못을 범할 수 있다. 인간의 영혼과 운명에 비추어 볼 때 아이들이 어렸을 때 사소한 고통을 견디며 올바른 태도를 배워야 한다. 그래야 커서 인간을 파멸로 몰 수 있는 잘못된 행동을 안 할 수 있다.

부모나 양육자가 판단하기에 칭얼대는 아이에게 필요한 만큼의 도움을 주었고 해가 될 만한 것들을 제거했다면 부모나 양육자는 칭얼대거나 불안정한 아이 곁을 차분하고 조용한 태도로 떠나 아이 혼자 있게 해서 아이가 **자기 자신을 돌아볼 수 있게** 해야 한다. 만약 어린아이가 한 번 혹은 반복적으로 사소한 불편함을 고통스럽게 생각해서 동정을 받으려 하거나 무언가를 얻어내려 한다면 부

I. 철학적 기본 개념

모나 양육자는 아주 많은 것을 잃은 것이다. 그런 나쁜 습관들은 강제적인 수단으로도 고치기 어렵다. 어린아이들은 아주 민감해서 양육자의 약점을 간파한 후 무언가를 쉽게 얻어내기 위해 그들의 생득적 에너지를 다른 사람을 조정하는 일에 써 버리기 때문이다. 양육자의 약점이 아이들에게 나쁜 버릇을 갖도록 기회를 준 것이다. 그 결과 아이들은 인내심과 끈기를 갖고 활동하면서 원하는 것을 얻기 위해 노력하고 애쓰지 않게 된다.

성장 발달 단계에 있는 이 시기의 아이는 **젖먹이**로 일컬어지는데 젖먹이는 단어 그 자체의 의미대로 안으로 빨아들이는 것이 아직까지 아기의 유일한 활동이다. 실제로, 아기는 주변 사람들의 상태를 안으로 **빨아들이는(흡수하는)** 것은 아닐까?

이 단계의 아기는 외부로부터 다양성만을 흡수하고 받아들인다. 아기는 무엇이든 빨아들인다. 아이의 몸 전체가 눈이라고 보는 것이 맞을 것이다. 이러한 연유로 인간 발달의 첫 단계는 인간의 현재와 미래를 위해서 가장 중요하다. 이 단계에서 아기가 병적인 것, 초라한 것, 천한 것, 애매한 것, 나쁜 것을 일체 흡수하지 않게 하는 것은 인간의 현재와 미래의 삶을 위해 매우 중요하다. 따라서 아이를 키우는 사람들의 눈길과 표정은 순수해야 한다. 실제로 환경의 모든 측면은 확실하고 분명해야 하며 신뢰를 일으키고, 신뢰하게 하며, 순수하고 명확해야 한다. 비록 다른 측면에서 부족하다 하더라도 맑은 공기, 밝은 햇빛, 깨끗한 방이 필요하다. 아아! 인간의 삶 전체에 비추어 볼 때, 영유아기에 흡수한 것과 아동기 때 받은 인상을 지워 버리는 것은 일생을 노력해도 불가능할 때가 많다. 왜냐하면 큰 눈과 같은 아기의 몸은 항상 열려 있어 주변 환경으로부터 무조건 받아들이기 때문이다. 종종 사람들이 가장 힘들어하는 싸움은 자기 자신과의 싸움이다. 심지어 성장한 후 생애 중 가장 불리하고 가혹한 운명의 원인도 영아기의 발달 단계에 뿌리가 있기 때문이다. 이런 이유로 아기 양육은 너무나 중요하다.

　이러한 사실이 맞다는 증언은 자신의 아기를 스스로 돌본 어머니들이 할 수 있을 것이다. 훗날 아기를 다른 사람 손에서 기른 가정과 비교하며 관찰해 보라. 이와 유사하게 어머니들은 아기에게서 나타나는 첫 번째 미소가 유아의 삶과 발달에서 매우 중대한 사건의 징표임을 안다. 아기의 미소는 적어도 최초로 자기 신체를 발견했다는 표시이다. 아니 그 이상일 수도 있다. 아기가 보이는 최초의 미소는 아기 개인의 신체적 느낌에서 시작될 뿐 아니라, 어머니와 아기 사이에 유대감을 느끼는 것도 미소 짓게 만든다. 그다음에는 아버지, 형제자매, 나중에는 아이 자신과 인류 전체와의 관계로 확장된다.

21
종교적 심성이 싹트는 공동체 의식

　이런 공동체 의식이 처음에 아이와 어머니, 아버지, 형제 그리고 자매 사이에 생기다가 후에는 더 높은 영적 합일체인 하나님을 믿

I. 철학적 기본 개념

게 된다. 그 후에는 이 영적인 합일에서, 아버지, 어머니, 형제자매로 내려가다가 인류 전체와 자연스럽게 연대감을 느끼게 된다. 그 다음 아이들은 더 높은 원리와의 합일, 하나님과의 합일을 알게 된다. 이런 공동체 의식은 가장 최초의 근원이자 모든 진정한 종교적 영감의 시초이다. 또한 영원하신 하나님과 방해받지 않고 일치하고자 하는 진정한 소망의 근원이다. 억압되고 곤궁한 시절, 위험과 갈등 속에서도 기쁨과 즐거움으로 믿을 수 있는, 진실하고, 생명력 있는 신앙심은 유아기 때 자리를 잡는다.

왜냐하면 인간의 유한성을 명백하게 해 주는 살아 계신 하나님의 신성을 유아는 어렴풋이 느끼기 때문이다. 부모들은 유아가 가지고 있는 이런 희미한 감정을 강화해 주어 완전한 의식으로 자라게 하고 이를 명확하게 이해하게 해야 한다. 그러므로 어머니는 진실한 사랑이 담긴 숭고한 모습으로, 잠든 아이를 침대에 눕히면서, 보호해 주시고, 사랑해 주실 것을 기도해야 한다. 이 어머니의 차분한 모습은, 아기를 지켜보시는 분을 감동하게 만들 뿐 아니라 아이에게 영원불멸의 축복을 주시게도 할 것이다.

어머니가 하나님을 향해 기쁨과 감사로 가득 찬 모습으로, 휴식과 새로운 활력을 주신 하나님께 감사하며, 기쁨으로 충만한 미소를 지으며, 잠이 깬 아이를 들어올릴 때가 바로 감동적이며, 가장 기쁠 때이다. 그 아이의 현재와 후의 삶 전체에서 가장 중요하고도 축복으로 가득 찬 순간이어서 그렇다.

아이와 어머니와의 삶 전체를 통해 이것은 가장 행복한 영향을 미친다. 그러므로 어머니다운 어머니는 다른 사람이 자고 있는 아이를 침대에 눕히거나, 잠 깬 아이를 데려오는 것을 싫어한다. 그러므로 어머니에 의해 사랑받는 아이는 인간적 관점에서든 천국의 관점에서든 건전하고 괜찮은 사람으로 성장한다. 기도는 평화를 준다. 인간은 하나님을 통해 만물의 처음과 끝이신 하나님 안에서 안식을 얻는다.

만약 아버지와 어머니가 조용한 방에서 혹은 자연공간에서 기도하면서 하나님 아버지와 합일됨을 느끼고 인식하면서, 아이에게 끊임없는 영향과 꾸준한 지지를 삶의 가장 중요한 부분으로 여기고 준다면, 부모와 아이는 내적, 외적으로 합일된 친밀감을 느끼게 된다. 어느 누구도 "아이들은 그런 것을 이해할 수 없어."라고 말하지 못하게 하라. 그렇게 말함으로써 그 사람은 아이들에게 최고로 좋은 것을 빼앗는 것이기 때문이다. 만약 아이들이 너무 타락하지 않았고, 부모와 그 자신으로부터 너무나 많이 벗어나 잘못되지 않았다면 아이들은 신성을 이해하고, 또 이해하게 될 것이다. 아이들은 생각으로 이해하는 것이 아니라 마음으로 느끼며 신성을 이해한다.

만약 종교적 심성이 유아기 때 자라지 못한다면 완전히 활기 가득 찬 삶을 영위하지는 못하게 될 것이다. 반대로 어떤 조건과 환경 속에서도 하나님을 경외하는 삶을 유아가 살 수 있다면, 시간이 흐른 뒤에도 하나님 안에서 또한 하나님과 함께하는 독실한 삶을 살게 될 것이다. 유아기 때 종교적 심성이 길러지고, 양육된다면, 삶이 모진 고난과 역경에 처할지라도 무난히 극복할 것이다. 아이가 깨닫지 못하고, 이해하지 못할 때라도, 부모가 이른 시기부터, 아기가 아주 어릴 때부터 종교적인 모범을 보일 필요가 있다. 정말로 이 것은 모범적인 부모의 모습이다.

22
발달의 연속성

인간 내면의 신성을 개화시키고 신앙심을 갖게 하는 것은 아기 가 전인으로 성장하는 데 아주 중요하다. 아기가 출생 순간부터 바 르게 성장하려면 부모들은 아이의 연속적인 발달과정을 지켜보며 끊임없이 보호하고 도와주어야 한다. 해가 거듭되는 동안 자녀의 발달과정을 연속적으로 지켜보지 못하는 경우, 간헐적으로 끊어지 는 경우, 어려움을 겪는 경우, 그 영향은 매우 치명적이다. 아이는 부모와 생동감 있는 연대감을 형성하지 못할 것이고 내면의 본성 도 파괴될 것이므로 **부모의 관심과 관찰은 아주 중요하다.**

그러므로 인간의 발달 단계, 즉 영아, 유아, 소년이나 소녀, 청년 이나 처녀, 성인 남성이나 여성, 나이 든 남자나 기혼 여성이 되는 과정을 연속적인 변화과정으로 봐야 한다. 확실하게 구분된 별개 의 단계로 생각하는 것은 아주 위험하다. 유아기나 아동기를 청년 기나 성인기와 완전히 다른 별개의 단계로 생각하는 것은 인간 본 성을 제대로 이해하지 못하는 것이다. 생활하는 동안 삶 자체를 이 해한 것이 아니다. 그럼에도 불구하고 발달 단계는 실질적으로 구분되어 있는 것으로 보인다. 일상생활에서 아이들의 말과 행동은 발달 특징이 아주 다르게 보이기 때문이다.

유아기와 아동기가 얼마나 다른 것으로 보이는가! 그래서 사람들은 후기의 단계들이 전기의 단계들과는 전적으로 다르다고 생각한다. 유아는 자기가 앞으로 겪게 될 아동기의 모습을 보지 못한다. 청년은 더 이상 그 자신 안에서 유아기와 아동기의 모습을 보지 않을 뿐 아니라, 유아기나 아동기에는 청년이 되었을 때의 모습을 보지 못한다. 그리고 가장 치명적인 것은 성인이 더 이상 자신 안에서 유아기, 아동기, 청소년기, 청년기 등 앞서 자신이 겪은 발달 단계들을 찾지 못할 뿐 아니라, 성인이 되는 동안 거친 영아기, 유아기, 아동기, 청년기의 인간을 완전히 이해하지 못하고 다른 본성과 기질을 가진, 전적으로 다른 존재로 말하면서 우월성을 가지고 아이들을 낮추어 보고 야단친다는 것이다.

인간의 발달 단계를 분명하고 명확하게 구분된 것으로 보는 이유는 인간이 자신의 발달과정을 어려서부터 지켜보고 관찰해 온 결과 어린 시절이 단절되기를 바라서이다. 발달 단계를 명확히 구분함으로써 사람들은 말하기 싫은 어린 시절의 못된 행동, 잘못된 것, 장애물을 모호하게 얼버무려도 되고 속속들이 말하지 않아도 된다. 내적인 힘은 자신에게 영향을 미치는 사람들이 설정해 놓은 한계를 거의 극복하지 못한다. 다른 단계의 발달을 파괴할 의도가 있거나, 적어도 억제하거나 방해하려는 생각으로 발달 단계를 단절시키는 일은 독하게 할 때에만 가능하다. 그러므로 인간 발달의 어떤 단계에서든 이런 일이 다른 사람에 의해 폭력적으로 행해지는 때가 있

I. 철학적 기본 개념

다. 만약 부모들이 자녀의 발달 단계를 단절시키거나 뛰어넘지 않는다면, 자녀의 발달 단계와 나이를 유심히 살피며 양육하고 교육한다면, 다양한 측면에서 아이들의 성장과 발달이 향상될 것이다. 아이들은 앞으로 혈기왕성하고 충실하게 성장할 것이다.

아이들이 선행 발달 단계에 성취한 특성들은 그 후의 성장발달에 생동감 있는 영향을 준다는 사실을 부모들이 인식하고 어린 시기에 최선의 노력으로 양육하고 교육한다면 그다음 발달 단계는 계속 잘될 것이다. 그런데 부모들은 이러한 발달 특징을 간과하거나 무시한다. 부모들만 그런 것은 아니다. 아이들도 아동기 연령에 도달하면 자신이 청년 내지는 성인이라고 생각한다. 그러나 인간이 특정한 연령에 도달했다고 해서 아동이 된 것은 아니며 청소년이 되는 것도 아니다. 그들이 유아와 아동기의 삶을 충실히 살고, 감정·신체적 발달의 요구를 충족시킬 수 있을 때만 아동도 되고 청년도 된다. 같은 맥락에서 성인도 어느 특정한 나이에 이르렀다고 해서 성인이 되는 것은 아니다. 그들이 유아기, 아동기, 청소년기의 발달에 요구되는 사항을 각각 충족시켰을 때에만 성인이 되는 것이다.

현명하고 지적인 부모가 유아기 자녀에게 소년이나 청소년처럼 행동하기를 기대하는 어처구니없는 일도 일어난다. 또 아동기에 있는 아이들이 최소한 어른처럼 행동해야 한다고 기대하는 부모들도 있다. 이들은 유아기 아이들이 아동기 또는 청년기를 뛰어넘으라고 요구하는 것이다. 유아기나 아동기 아이들이 앞으로 청년이 되고 성인이 될 싹을 가지고 있다고 확신하기 때문에 그들을 이해하고 존중하는 어른들의 태도와 그 애가 이미 어른이라고 간주하고 대하는 것은 하늘과 땅 차이이다. 또 유아기와 아동기 아이들에게 청년 또는 성인처럼 느끼고 생각하고 행동하라고 요구하는 것도 아주 다른 이야기이다. 아이에게 이런 식으로 요구하는 부모들은 자신이 어렸을 때 다양한 발달 단계를 자연스러운 방식으로 끊임없이 충실히 살았을 때 가능했다는 사실, 그 결과로 인해 성숙했다는 사실, 자신의 아이들도 그렇게 키워져야만 성숙한다는 사실을 경시하거나 잊은 것이다(§28 참조).

선행 발달 단계, 특히 초기 영·유아기 발달 단계의 가치를 무시하는 일은 다음에 올 아동기 발달 단계를 다룰 때 교사나 교육자에게 어려움을 안겨 준다.

왜냐하면 첫째, 그런 식으로 성장한 아동은 발달의 선행 단계 교육이나 훈련 없이도 된다는 그릇된 생각을 하기 때문이다. 둘째, 그는 너무 이른 시기부터 수준 높은 목표를 세운 후 모방이나 힘겨운 활동을 하게 하였기 때문에, 예를 들어 미래를 위해 사명감을 갖도록 준비시키거나 수준 높은 활동을 하게 함으로써 크게 상처를 입었거나 약해졌기 때문이다. 실제로 유아기, 아동기, 성인기에는 각각의 발달 단계에서 요구하는 것만을 하면 되고 그 이외의 것은 몰라도 됨을 알아야만 한다. 그렇게 하면 앞으로 다가올 각각의 발달 단계는 건강한 봉오리에서 예쁜 꽃이 피어나듯 개화될 것이다. 그리고 새로 맞게 될 발달 단계에서 다시 그 발달 단계가 요구하는 사항을 달성하려고 노력하면 될 것이다. 선행 발달 단계를 충실하게 산 사람만이 앞으로 맞게 될 발달 단계를 충실하게 살 수 있다.

23

생산적 작업의 필요성

실생활을 근면하게 하려면 근면에 대한 생각부터 바르게 가져야 한다. 대부분의 사람들은 생산적 작업이나 근면에 대해 잘못된 개념을 갖고 있다. 대중이 보편적으로 갖고 있는 일에 대한 개념과 추구하는 근면은 전체적으로 잘못되고, 피상적이며, 실행할 수 없고, 억압적이며, 근거가 없으며, 삶의 모든 요소가 배제되어 있기 때문이다.

하나님은 끊임없는 연속성을 갖고 생산적으로 창조하고 일하신다. 하나님의 생각은 모두 일이고, 행위이고, 산물이다. 그리고 하나님은 창조력을 발휘하여 영원무궁을 향해 끝없이 생산적인 활동을 계속하신다. 이것을 보지 못하는 사람에게 예수님의 삶과 하신 일을 보게 하라. 인간 내면의 순수한 삶과 일을 보게 하라. 만일 그가 참된 삶을 산다면 자기 자신의 삶과 일을 보게 하라.

하나님의 영은 우주의 혼돈 위를 운행하며, 그것을 움직여 돌, 식물, 짐승, 사람의 형상이 서로 구별된 존재, 생명체로 창조하셨다. 하나님은 그 자신의 형상으로 인간을 창조하셨다. 그러므로 인간은 하나님처럼 창조하고 하나님처럼 신성을 발현해야 한다. 하나님의 영, 인간 내면의 신성은 형태 없는 것 위에 운행하여 그것들이 구별된 형상을 갖도록 하여야 한다. 이것이야말로 의미심장하고 깊은 의미가 있는 일이다. 또 근면하게 일하는 중요한 목적이며 생산적이고 창의적으로 활동하는 중요 목적이기도 하다. 분명히 인식하거나, 막연히 느낄 뿐이지만 내면의 세계를 외부로 표현하면서 인간은 하나님을 닮아 간다. 이렇게 함으로써 우리의 영혼은 육신을 입게 되고 생각은 형태를 갖게 되며 볼 수 없는 것을 볼 수 있게 된다. 이렇게 함으로써 우리는 유한한 외부세계를 떠나 영혼이 살아 있는 삶을 영위할 수 있는 존재로 바뀐다. 이렇듯 하나님을 닮아 가는 동안 우리는 더욱더 하나님을 아는 참 지식을 갖게 되고, 하나님의 영성에 대한 통찰력도 갖게 된다. 내면적 · 외면적으로 그렇게 되면 하나님은 우리에게 더 가까이 다가오신다. 그러므로 예수는 가난한 자와 관련하여 진리를 말씀하셨다. 만일 그들이 그러한 진리를 보고 알 수만 있다면, 또 부지런하고 근면하게 일하고, 생산적이고 창조적으로 일할 수 있다면 "하늘나라가 저희의 것이다."라고 하셨다. 하늘나라는 또 아이들의 것이기도 하다. 이들은 어른의 가식과 자만에 의해 오염되지 않았기 때문이며, 순수한 믿음을 갖고 있고, 순수하고 창조적인 본능에 즐거워하기 때문이다(§49 참조).

인간이 일하고 생산하고 창조하는 것은 오직 몸을 보존하고 의식주를 확보하기 위한 것이라는 말에 현혹되거나 확대 해석해서는 안 된다. 근본적으로 인간은 영적이고 신성한 본질이 외적인 형태를 취할 때에만 일한다. 그래서 영적이고 신성한 자신의 본성과 가장 고귀한 하나님을 인식할 수 있을 때 일한다. 그러므로 그가 획득한 의식주가 무엇이든 그것은 그에게 부산물로 주어진 것일 뿐이다. 그러므로 예수는 "너희는 먼저 하늘나라를 구하라."라고 말씀하셨다. 즉, 당신의 삶 속에서 그리고 당신의 삶을 통해 신성한 영

I. 철학적 기본 개념

이 실현되도록 하라. 그러면 유한한 삶에 필요한 것들이 당신에게 주어질 것이다. 예수님은 하나님이 나에게 명령하시는 무엇이라도 일하고 성취하기 위해 "내 몸은 나를 보낸 그분의 뜻을 행하는 것이다."라고 말씀하셨다.

들판의 백합들은 평범한 인간의 수고로 가꾼 것이 아니지만 하나님은 솔로몬보다 들판의 꽃들을 더 영화롭게 하신다. 백합은 잎이 무성해지고 꽃을 피우지 않는가? 들판의 백합꽃은 자신의 자태로 하나님의 위대하심을 나타내지 않는가? 공중의 새는 씨 뿌리지도 않고 수고도 하지 않지만 노래하고 둥지를 틀고 다양한 행동을 한다. 그들은 하나님이 그들에게 주신 영혼과 생명을 나타내는 것이다. 하나님은 그들을 먹이시고 지켜 주신다.

사는 동안 아무리 작고 보잘것없어도, 반대로 위대하더라도, 사는 곳이 어디이고 시대가 언제이든, 지위가 높든 낮든, 소명이 무엇이든지 하나님이 불어넣은 영이 있는 인간은 들판의 백합과 공중의 새가 세상을 살아가는 방법과 행위를 보며 배워야 한다. 그러면 인간의 생명은 스스로 잘될 것이다. 하나님은 인간에게 백 가지 방법을 보여 줄 것이고, 인간의 필요를 만족시켜 주기 위해 내면세계와 땅에서 최소한 한 가지 방법이나 수단은 항상 보여 주실 것이기 때문이다. 만일 인간이 모든 것에 실패한다 해도 그가 참을성 있게 인내한다면 하나님은 우리가 내면의 신성한 힘을 활용해 더 높이 발전할 수 있도록 도우실 것이다. 그 이상 무엇이 더 필요한가?

이제 유한하게 나타난 모든 영적인 영향은 시간이나 사건으로 연속되어야 한다. 만약 인간이 살아가는 동안 어느 시점에서든 신성한 본질이 담긴 자신의 능력을 활용하는 것을 중요하게 여기지 않고 또 일할 때 그 능력을 사용하지 않는다면, 일하기 위해 그 능력을 개발하려 하지 않는다면, 결국 자신이 무시한 만큼 욕망에 압도될 것이다. 만약 그가 자신에게 주어진 소명에 따라 자기 내면의 신성과 능력을 사용하지 않는다면 언젠가는 그가 거두어들일 수 있는 것을 거두어들이지 못하게 될 것이다. 우리가 살고 있는 세속적이고 보편적인 법칙에 비추어 볼 때, 이를 무시한 행동의 결과는 언젠가 나타난다. 신성이 담긴 내면의 능력을 무시하는 행동의 결과는 어떻게 나타날까? 다음에 욕망이 그를 덮쳐온다면 인간은 자신의 영적인 능력 중 이차적인 것만을 쓰거나, 인내심으로 그 욕망을 다루기 위해 아주 근면하게 일하는 것 이외에는 다른 대안이 없을 것이다.

그러므로 젊고 성장하는 인간은 이 세상을 위해서 창조적이고 생산적인 활동을 일찍부터 해 봐야 한다. 여기에는 내적·외적 두 가지 이유가 존재한다. 전자는 후자를 포함하고 있기 때문에 가장 중요하고 영원하다. 내면의 조건은 인간의 본성에 의해서 다른 지원을 받게 된다.

감각 및 대근육 활동은 유아에게 잠재된 가능성을 싹틔우고 발달시키는 근원이고, 최초의 신체적 활동이며, 욕구를 처음으로 표현하는 활동이다. 구성하기, 모방하기는 아이에게 최초로 일어나는 자연스러운 개화작용이다(§30 참조). 유아기는 인간이 노동과 근면, 그리고 생산적인 활동을 준비하는 기간이다. 따라서 모든 영아와 유아 그리고 아동들은 그들이 가지고 있는 능력이나 조건에 관계없이 매일 최소한 한두 시간 이상 생산적이고 진지한 작업을 해

I. 철학적 기본 개념

야 한다. 작업하면서 배운 것, 삶의 체험으로부터 배운 것은 유아들에게 가장 인상적이고 지적인 학습이며, 가장 지속적이고 강력하게 축적되는 지식이자 큰 영향을 준다. 이렇게 중요함에도 불구하고, 요즘의 유아 아니 모든 사람들이 작업 활동은 거의 하지 않으며 아무런 목적 없이 과중한 교습에 시달리고 있다. 아이들과 부모들은 실제 작업 활동이 그들에게 불이익을 줄 것이며, 장래의 삶에 별로 중요하지 않다고 생각하기 때문에 공부만 시킨다. 교육기관은 부모들의 잘못된 생각을 바꾸도록 지속적으로 노력해야 할 것이다. 요즘 가정과 학교의 교육은 아이들을 나태와 게으름에 빠지게 한다. 그 때문에 인간이 가지고 있는 대부분의 잠재 능력이 발달되지 못하거나 사라지고 만다. 따라서 학교는 학과 공부 시간만큼 실제 작업 시간을 넣어 유아들이 균형 있는 교육을 받도록 해야 한다. 인간의 능력을 스스로 연마하는 교육이 빠진, 다만 사회적인 요구를 충족시켜 주려는 현대의 주입식 교육으로 인해 인간은 그 본래의 내적·외적 가치를 잃어버렸다. 지식, 감상, 예절, 믿음으로 자기를 지킬 수 있는데, 이런 능력들을 갖는 데 실패했다.

유아기의 신앙교육에서도 이른 시기부터 근면하게 일하는 능력을 기르는 것은 매우 가치가 있다. 유아들의 내적 욕구에 따르는 작업 활동은 신앙심을 공고히 높인다. 근면성이 배제된, 일하지 않는 신앙심은 허무한 꿈, 무가치한 환상, 나태한 상상력 속에서 소멸될 수밖에 없다. 마찬가지로 신앙심이 없는 작업 활동이나 노동은 인간을 동물이나 기계적인 수준으로 전락시킬 것이다. 따라서 작업 활동과 신앙은 항상 함께 고려되어야 한다. 왜냐하면 영원하신 하나님은 이 모든 일을 영원 속에서 창조하셨기 때문이다. 이것은 곧 충만한 인식이다. 인간이 이 진리에 의해 완전히 감동받으면, 인간이 하는 일과 작업 활동은 삶 속에 녹아 들어갈 것이다. 그리하여 인류는 최상의 지성을 얻게 될 것이다!

인간의 힘은 아직 미약하니, 더욱 발전하고 계발되고 확고해져야 한다. 그것은 종교적 감화로서 내면의 안식이나 종교적 신앙심에만 있는 것이 아니요, 노동과 작업 활동에 의한 외적인 능력만도 아니요, 금욕, 절제, 검약과 함께 인간 자신의 정수로부터 끌어내는 것이다. 아직 완전하게 성숙하지 않은 인류에게 이 사실을 전해 주는 것보다 더 중요한 것이 있을까? 종교, 노동, 절제가 절대 분리될 수 없는 삼위일체, 조화의 원리 그리고 진정한 통일체로 존재할 때 그곳에 평화와 기쁨, 구원과 영광 그리고 축복이 있을 것이다.

그러므로 우리들은 아기를 한 명의 완전한 인격체로 보아야만 한다. 그래야 유아기에 인간의 통일성이 나타나게 될 것이다. 장래에 발현될 인간의 행위는 유아기에 이미 그 가능성을 품고 있다. 다른 방법은 없다. 유아를 전인으로 성장하게 하고 싶다면, 방법은 오로지 하나이다. 유아를 통일성 있는 인격체로 대하고 이 세상과의 관계성 속에서 그들을 보아야 한다. 유한한 현세에서의 통일성이란 다양성을 의미하고, 유한한 세계에서의 다면성이란 시간의 연속성을 의미하기도 한다. 때문에 이 세계와 인간의 삶은 유아를 위하여 펼쳐져야 하고, 유아 내면의 다양성과 계속성에 의해 개화되어야 할 것이다. 따라서 유아의 잠재 능력과 기질을 위한 감각 및 대근육 활동은 유아에게 나타나는 순서에 따라 발달되어야 한다.

II

유아기의 인간

24
유아의 개성, 이성의 발달

외부세계는 언제나 같은 사물과 같은 구조로 구성되어 있지만 갓 태어난 아기는 이 외부세계를 희미하고 형태가 없는 세상, 불분명하고 무질서한 세상, 혼돈된 세계로 의미 없이 받아들인다. 아기와 외부세계는 서로 섞여 있다. 초기 단계에 부모가 아기에게 말해 주므로 외부세계는 분리되기 시작하지만 성장한 후에는 아동과 외부세계가 다시 하나로 조화롭게 합해진다. 어른들의 말을 들으면서 아기들은 사물들이 하나씩 드문드문 자신을 드러내다가 나중에는 다양한 배합으로 자신만의 독특한 개성을 나타내는 것을 자주 보게 된다. 마침내 아이들은 다른 모든 사물과 완전히 구별되는 독특한 개성을 가진 객체로서의 자신을 본다.

인간이 아름다운 자연이 펼쳐져 있는 세상에 창조된 순간부터 에덴동산에서 자신을 의식적으로 보았을 때까지, 인간의 마음속에서, 정신발달에서, 의식형성 과정에서 창조의 역사는 반복되고 있다. 모든 생물의 성장이 성경에 설명된 것처럼 반복되고 있다. 마찬가지로 한 명 한 명의 아이 내면에서 시작된 기초 수준의 도덕적 행동, 자유로운 행동, 이성적 행동은 후의 인생행로 전반에 나타나는 도덕적 행동, 자유로운 행동, 이성적 행동에 똑같이 반복되어 나타난다. 인류는 이렇게 살도록 운명 지어졌기 때문이다.

자신의 성장에 관심이 있는 사람들은 인류가 이미 도달한 수준과 인류의 발전 정도를 연구하여 알 수 있을 것이다. 이런 목적 때문에 인간은 신성한 법에 따라 자신의 삶과 다른 사람들의 삶에서 일어나는 모든 발달 상황을 연속적인 단계로 바라보아야 한다. 오직 이 방법만으로 인간은 역사를 이해하고, 자신은 물론 인간발달사, 역사적 사건, 자신의 성장과정, 자신의 생애, 자신의 감정과 생각을 이해할 수 있다. 이 방법으로 인간은 다른 사람을 이해하게 된다. 부모도 그들의 자녀를 이해할 수 있게 될 것이다(§16 참조).

25
감각의 발달

내면세계를 외부세계에 표현하고 외부세계를 내면세계로 이끌어 들일 뿐 아니라 그 둘의 조화로운 결합을 찾는 것은 외부세계에 사는 인간의 운명이다(§14 참조). 그러므로 외부세계에 존재하는 모든 사물들은 인간으로 하여금 그 본질과 관계성을 찾으라고 자극한다. 이를 위해 사람들은 감각기관과 신체를 갖고 이러한 자극에 대응하여야 한다. 이를 '감각' 또는 '자기 내면화'라고 한다. 그러나 세상에 존재하는 모든 물체는 서로 반대 위치에 있기도 하고 밀접하게 연결되어 있기도 하다. 서로 다른 것의 조화를 찾아내고, 반대되는 것을 받아들임으로써 이에 상응하는 관련성을 발견할 수 있다. 이러한 지식은 각각 반대되는 것을 서로 연결할 때, 또 생각의 연결고리를 완벽하게 할 때에만 이루어진다.

26
감각 발달의 순서

외부세계의 사물은 보통 인간에게 고체, 액체, 기체 상태로 나타난다. 따라서 인간은 생득적인 감각으로 고체, 액체, 기체의 상태를 거의 완벽하게 이해한다. 다르게 표현하면 모든 사물은 주로 멈추어 있거나 움직이는 상태로 인간에게 다가온다. 따라서 이러한 것을 느끼는 개개의 감각은 두 종류의 기능이 아주 다른 기관으로 나누어진다. 하나는 멈추어 있는 사물에 대한 지식을 터득하는 데 더 적합하고, 다른 하나는 움직이는 물체에 대한 지식을 터득하는 데 더 적합하다. 그러므로 기체는 눈과 귀로, 액체는 맛보고 냄새 맡는 기관으로, 고체는 느끼고 만져 보는 기관으로 파악한다.

인식 발달에도 부분별로 차이가 있는 것처럼, 감각 발달도 차이를 보인다. 대비의 법칙에 따라 살펴보면, 청각이 유아기에 제일 먼저 발달한다. 그다음으로는 청각의 안내와 지원을 받아 시각이 발달한다. 유아기에 두 종류의 감각이 발달되면 부모와 주위 사람들은 현상적인 사물과 그것에 대립되는 추상적인 것, 즉 단어와 상징을 연결할 수 있게 도와준다. 다시 말해, 유아는 단어와 그것이 상징하는 것을 하나로 연결할 수 있게 되는 것이다. 그렇게 되면 유아

II. 유아기의 인간

는 사물을 본 후 그 사물을 완전하게 인식하게 된다.

27
근육 발달

감각의 발달과 동시에 좌우 대칭으로 발달하는 신체, 특히 팔과 다리의 사용이 인간의 본성과 신체적 속성에 따라 예정되었던 대로 연속해서 발달한다.

외부의 사물 중 어떤 것은 가까이 있으면서 멈춤 상태이므로 가만히 있어도 된다. 그러나 어떤 것은 움직임 상태이거나 멀어져 가기 때문에 빨리 잡거나 움켜쥐거나, 손으로 꼭 잡아야 한다. 또 어떤 것은 먼 곳에 있기 때문에 아기로 하여금 그 물건을 갖고 싶게 만들어 그쪽으로 움직여 더 가까이 가게 한다.

그러므로 앉고, 눕고, 붙잡고, 쥐고, 걷고, 뛰는 동안 팔다리를 사용하는 능력이 발달한다.

선다는 것은 가장 완전하게 몸통과 팔, 다리 등 신체 전체를 사용할 수 있음을 의미한다. 그것은 몸의 중심을 잡을 수 있게 된 것을 의미한다.

첫 미소와 함께 신체적으로 선다는 것은 자아를 찾았다는 증거로서 이 시기에 아주 중요하다. 자연적으로 자아를 찾는 것처럼, 더 나아가 인간 발달의 가장 높은 단계인 도덕적 · 종교적 평형을 갖는 데도 중요하다.

발달 단계에 있는 영아는 신체, 감각, 팔, 다리의 사용과 연습에 주로 관심을 둘 뿐이지 그것들을 사용한 결과에는 관심이 없다. 아기는 이러한 것에 대해 완전히 무심하거나 아무 생각도 가지고 있지 않다. 이러한 이유 때문에 이 시기의 영유아들은 눈과 얼굴로 표현하는 것같이 그의 신체-손, 손가락, 입술, 혀, 다리-로 놀기 시작한다(§30 참조).

조금 전에 지적했던 것처럼 이 시기에 처음 보이는 얼굴과 몸의 움직임은 내면의 마음을 외부로 표현하는 것이 아니다. 내면의 표현은 다음 발달 단계에 나타난다. 이러한 아이의 초기 놀이는 조심스럽게 관심을 갖고 지켜보아야 한다. 내적으로 아무 의미가 없는 움직임이나 얼굴 표정이(예를 들어, 눈과 얼굴을 찡그리는 것 등) 습관화되지 않게 하기 위해서이다. 따라서 아주 어릴 때부터 몸짓과 감정, 몸과 마음, 외적인 것과 내적인 것으로 분리되지 않도록 해야 한다. 만일 분리가 일어나면 나중에 위선적이 되거나 또는 평생 동안 가면을 쓴 것같이 행동하므로 의지로도 고칠 수 없는 습관적인 행위나 태도를 갖게 한다.

아주 어릴 때부터 아기들의 마음이 쏠리게 할 사물이 있어야 한다. 사물 없이 침대나 요람에 아기를 너무 혼자 두어서는 안 된다. 신체적 허약함을 피하기 위해서 정신적 쇠약이나 허약함이 오지 않도록 하기 위해서이다.

신체적으로 허약해지는 것을 피하기 위해 아기의 잠자리는 초기부터, 아니 태어날 때부터 너무 폭신하게 해 주지 않아야 한다. 새

II. 유아기의 인간

의 깃털보다는 말린 풀, 해초, 부드러운 밀짚, 왕겨, 가능하다면 말의 털 등을 넣은 것이 좋다. 또한 아기들이 잠자는 동안 신선한 공기가 통할 수 있도록 이불은 가벼운 것을 덮어 주는 것이 좋다.

아기가 잠들기 전, 또는 잠에서 깨어난 후 침대에서 정신적으로 멍하니 그대로 있지 않도록 하기 위해 아기의 시선이 자연적으로 가는 곳에 살아 있는 새가 들어 있어 흔들리는 새장을 달아 놓을 것을 권하고 싶다. 이것은 여러 방향에서 다양한 감각과 정신활동을 활성화하는 데 적합하다.

28
유아기의 시작

감각 기능과 신체 및 사지의 기능이 발달하여 아이가 자발적으로 내면을 밖으로 표현할 수 있을 정도가 되면 영아기가 끝나고 유아기가 시작된다. 이 시기까지 인간 내면의 마음은 아직 비조직적이고 미분화되어 있다.

언어로 내면을 표현하고 표상하기 시작하면, 목적과 수단에 부합되는 조직과 분화가 시작된다. 조직되고 분화된 내적 존재는 자신을 깨닫고 자신을 밖으로 알리려고 노력한다. 인간은 내면에 있는 자발활동의 힘 때문에 눈으로 볼 수 있는 형태로 자신의 내적 존재를 밖으로 표상하려고 한다. 이러한 경향은 발달 단계를 가리키는 유아라는 말에서도 잘 나타나 있다.

내적인 것을 외적으로 표상하려 하고, 내적인 것과 외적인 것 이 둘을 통합하려고 애쓰는 과정에서 실질적인 인간의 교육이 시작된다. 그런데 신체를 돌보는 것보다는 정신을 돌보는 일에 관심을 더 집중하고 유의해야 한다.

그러나 유아기의 인간 교육은 전적으로 아이와 함께 사는 어머니, 아버지 그리고 가족에게 달려 있다. 이들은 완전하고 온전히 통합된 관계를 갖고 있기 때문이다. 표상의 수단인 언어를 예로 들어 보자. 아이는 말이 사람 자체와는 다른 그 무엇이라는 것을 전혀 모르고 있으며 인식하지도 못한다. 말은 팔, 눈, 혀처럼 자신의 일부라고 보기 때문에 말의 존재 자체도 모른다.

29
유아기의 중요성

연속적으로 이루어지는 발달 중 어린 시기일수록 더 중요하다는 것 이외에는 여러 단계의 인간 발달이나 양육의 단계를 중요도에 따라 우선순위를 정할 수 없다. 시공간에서 각 발달 단계는 똑같이 중요하다. 그럼에도 불구하고 각 발달 단계마다 인간은 주변 사물 또는 사람과 관계를 맺기 때문에 선행경험이 다르게 된다는 것을 알아야 한다. 유아들이 형성하는 선행경험에 대해 이해하고 해석하는 것은 유아기에 매우 중요하다(§22 참조).

실제로 유아기는 성장하는 인간에게 외부세계를 고귀하게 보이게도 하고 천하게 보이게도 만들며, 다른 사람들을 즐겁게 하기 위해 태어난 사람처럼 저급하고 죽은 자처럼 되게도 하고, 다른 사람에게 이용당하거나 소모품처럼 취급받아 파괴적인 삶을 살게도 한다. 반면 자신의 운명을 고귀하고, 생동감 있고, 영적이며, 생기가 넘치고 신성하게 여기며 살아가는 사람도 있다. 아이에게는 세상이 존귀하게 보이나 반대로 저속하거나 우울하게 보이기도 한다. 또 아이는 사물을 진실된 것으로 보기도 하고 거짓되고 왜곡된 관계로 인식하기도 한다.

이 단계의 아이들은 모든 사물을 바르고 정확하게 보아야 하고, 그것들을 바르고 정확하게, 분명하고 명백하게 인식해야 한다. 그리고 이것은 사물의 본질과 특성뿐만 아니라 사물 그 자체에도 적용된다. 또 아이는 공간과 사물의 관계, 시간과 사물의 관계, 사물과 사물의 관계를 바르게 알아야 하고, 개별 사물의 이름이나 단어를 알아야 하며, 각각의 단어를 언어 구성요소에 따라 정확하고 또렷하게 발음할 수 있어야 할 것이다.

이제 인간의 발달 단계 중 유아기는 모든 사물을 바르고 명확하고 뚜렷하게 구분하는 것을 배워야만 하기 때문에 모든 사물을 아이 앞에 바르고 정확하고 뚜렷하게 제시하는 것은 필수적이다. 그래야 아이들은 그것을 보고 바르고 명확하고 뚜렷하게 알 수 있다. 이 두 가지 측면은 서로 분리될 수 없고 상호의존적이다(§33 참조).

유아기의 언어는 여전히 미분화되어 있거나 혹은 말하는 사람

프뢰벨의 인간의 교육

자체와 동일시된다. 지금 말을 배우는 유아에게 이름은 사물 그 자체이다. 다시 말하면, 유아는 사물과 정신을, 영혼과 몸을 구별할 수 없기 때문에 아직 이름과 사물을 동일시한다. 유아들에게 이름과 사물은 여전히 하나이고 같은 것이다. 이런 현상은 특히 유아기 아이들의 놀이에 잘 나타난다. 즉, 유아가 놀이하는 동안 얼마나 열정적으로, 그리고 (그가 그렇게 할 수 있다면) 얼마나 많이 말하는가를 보면 알 수 있다.

놀이와 말은 유아가 살고 있는 생활요소로 구성되어 있다. 그러므로 이 단계의 유아는 각각의 사물에 자신의 삶, 감정, 언어의 요소들을 나누어 준다. 그 무엇보다도 유아는 사물이 들을 수 있다고 상상한다. 유아는 자신의 내면세계를 외부로 표현하는 것을 먼저 시작하기 때문에, 자신에 대한 모든 것을 조약돌에게도 말하고, 나무토막에게도 말하며, 식물, 꽃, 동물에게도 똑같이 말해 준다.

그러므로 이 단계에 있는 유아는 자신만의 삶을 갖게 되고, 부모 및 가족과 함께 생활할 것이며 부모나 가족이 공통으로 갖고 있는 더 높고 보이지 않는 영적 삶을 갖게 된다. 특히 자연 안에서 그리고 자연과 함께하는 삶을 영위하게 된다. 실제로 자연 안에서 자연과 함께하는 삶, 그리고 자연 속에서 아름답고 고요하게 존재하는 사물들과 함께하는 삶은 유아기 아이들을 키우는 부모들이나 다른 가족 구성원들이 가장 중요한 버팀목으로 알고 길러 주어야만 할 것이다. 이러한 생활은 유아의 놀이로 이어질 수 있을 뿐 아니라 유아의 놀이를 더 활발하게 해 주므로 성취될 수 있다. **처음 나타나는 유아의 놀이는 생활 그 자체이다.**

II. 유아기의 인간

30
놀이의 본질과 가치

놀이―놀이는 유아 발달, 더 나아가 인간 발달에 있어 유아기에 나타나는 가장 최고의 모습이다. 왜냐하면 놀이는 유아 내면으로부터의 필요와 욕구로부터 표출되는 내적 표현, 즉 내적인 자기 활동의 표현이기 때문이다(§27 참조).

놀이는 인간과 모든 사물 안에 감추어진 본성적인 삶으로서 초기 단계의 인간에게 있어 가장 순수하며 영적인 활동인 동시에 인간의 삶 전체를 표상하는 활동이다. 그러므로 놀이는 우리에게 기쁨, 자유, 만족, 내적·외적 편안함을 주고 세상에서 평화롭게 살게 해 준다. 놀이는 모든 미덕의 근원이다. 자기 스스로 결정한 놀이를 몸이 피곤하여 놀 수 없을 때까지 충분히 끈기 있게 한 유아는 성장하여 반드시 자신과 다른 사람의 행복을 위해 자기 희생을 할 수 있는 결단력 있는 사람이 될 것이다. 유아기에 있어 가장 아름다운 표현은 자신의 놀이에 완전히 몰입되어 있는 유아, 또는 놀이에 몰입하다 잠들어 버린 유아들이 아닐까?

이미 언급하였듯이 이 시기의 놀이는 쓸데없는 짓이 아니고 아주 진지하며 깊은 뜻을 가지고 있다. 모든 어머니들이여…… 놀이를 장려하고 돌보아 주어라! 모든 아버지들이여…… 놀이를 감싸 주고 지켜 주어라. 인간의 본성을 정말로 잘 알아 예리하고 냉정하게 꿰뚫어 볼 수 있는 사람은 유아의 자발적 놀이를 보며 미래의 내적 삶까지도 예측할 수 있다.

유아기의 놀이는 성장한 후에 향유하게 될 삶의 싹을 가지고 있다. 놀이를 통해 유아는 전인으로 발달할 뿐만 아니라 가장 예민한 마음속 깊은 곳의 성향을 그대로 나타낸다. 인간이 성장한 후 갖게 될 생활이 순수할 것인지 아니면 불순할 것인지, 점잖을 것인지 아니면 폭력적일 것인지, 침착할 것인지 아니면 충동적일 것인지, 부지런할 것인지 아니면 게으를 것인지, 행동이 반듯할 것인지 아니면 형편없을 것인지, 둔하고 무감각하게 지낼지 아니면 예리한 창의력을 발휘할 것인지, 어리석게 빈둥거리기만 하면서 지낼지 아니면 총명한 통찰력을 가지고 지낼지, 생산적일지 아니면 파괴적일지, 화합할지 아니면 화합하지 못할지, 전쟁을 일으킬 사람일지 아니면 평화를 가져오는 사람일지 하는 이 모든 것은 이 세상을 떠나는 순간도 똑같은 모습으로 나타나는데 그 근원은 유아기에 있다. 아버지와 어머니, 가족 구성원, 사회와 인류, 자연과 하나님에 대한 유아의 자연적이고 개별적인 성향과 기질은 주로 유아기의 삶의 양식에 따라 결정된다. 왜냐하면 유아의 삶은 그 자신과 가족, 자연, 하나님이 아직까지는 하나로 통합되어 있기 때문이다. 그러므로 이 시기의 유아는 그에게 어느 것이 더 소중한지 표현할 수 없다. 예를 들어, 꽃인지, 꽃을 보는 기쁨인지, 꽃을 어머니에게 가져가거나 보여 주었을 때 어머니가 느끼는 기쁨이 소중한지 아니면 그 꽃을 주신 사랑하는 하나님에 대한 막연한 예감이 소중한지를 잘 모른다.

누가 이 시기에 나타나는 풍부한 기쁨을 분석할 수 있겠는가?

II. 유아기의 인간

만일 유아가 이 시기에 상처받는다면 묘목의 새싹이 훼손되었을 때 큰 나무가 되어서도 상처가 남듯이, 그는 건강한 어른으로 성장하는 데 많은 어려움을 겪게 될 것이며 최대한의 노력을 기울여야만 어느 정도 건강하게 성장할 것이다. 유아는 앞으로 커가면서 영유아기 때의 심리적 상처로 인해 위축된 또는 한쪽으로 편중된 발달을 극복하기 위하여 아주 많은 어려움을 겪게 될 것이다.

31
유아의 음식

유아기에 섭취하는 음식은 이 시기뿐 아니라 그 아이가 커서 게으를지 아니면 활동적일지, 행동이 둔할지 아니면 빠를지, 감각이 무딜 것인지 아니면 예민할지, 무기력할지 아니면 박력이 있을지를 결정하기 때문에 매우 중요하다. 유아들이 음식을 먹으며 보이는 기호, 욕구, 감각 등 생활 전반에서 나타나는 성향은 쉽게 바뀌지 않기 때문이다. 음식섭취는 인간의 신체생활에 중요하지만 정신생활과도 깊이 연결되어 있다.

모유를 뗀 후 주는 첫 번째 이유식은 담백하고 단순한 것이어야 한다. 필요 이상으로 가공하거나 정제한 음식은 좋지 않다. 소화기능을 방해하지 않도록 양념은 심심하게 한다. 자극적인 것, 기름진 것도 주지 않는다.

부모와 양육자들은 다음의 일상적인 원칙을 지켜야 한다. 유아기동안 음식 및 다른 신체적 욕구는 단순하고 검소하게 채워 주어야한다. 그래야 아이의 능력이 창의적으로 발현될 수 있고 행복과 활력도 갖게 된다.

음식에 향료를 넣거나 과식을 시키면 식욕저하의 원인이 된다.

개인의 행복뿐 아니라 가정의 행복과 국가의 번영까지도 생각하는 부모들이라면 자녀를 과식하게 하거나 지나치게 과보호하지 않는다.

그러나 어리석은 엄마, 철없는 아버지가 있어 문제이다. 우리는 그들이 유아에게 좋은 것이든 나쁜 것이든 모든 종류의 독약을 여러 형태로 주는 것을 본다. 유아의 몸이 소화하지 못할 정도로 음식을 많이 주는 부모, 유아들이 지루해할 때 많은 양의 음식을 주는 부모, 나태함이나 게으름이 유아에게 필요한 휴식이라고 생각하는 부모, 진정한 정신적 동기와는 관계없이 과도한 자극만을 주어 유아를 산만하게 만드는 부모 등이다.

인류의 행복과 번영을 증진하는 일은 우리가 생각하는 것보다 훨씬 쉽다. 모든 방법은 간단하며 바로 가까이에 있다. 모두들 알고는 있지만 주의를 기울이지 않아 아직 보지 못하고 있을 뿐이다. 그 방법들이 가지고 있는 단순함, 자연스러움, 용이성, 근접성 때문에 너무 보잘것없어 보여 모두들 하찮게 여기기 때문에 못하는 것이다. 우리는 멀리서 도움을 찾지만 정작 도움은 우리 안에서, 우리를 통해 나오는 것이다. 그러므로 우리는 우리들이 쌓아 놓은 재산의 반 혹은 전부를 준다 하더라도 유아들에게 가장 최선의 것을 주는 통찰력과 비전을 가져야 하는 것이다. 부모들은 지금 이것을 알아채지 못하거나 또는 너무 미미하게 보고 있는 것이다. 부모들이 유아기 아이들에게 조금만 더 관심을 기울였다면 큰 노력이 없이도 아이들은 제대로 자랐을 것이다.

젊은이들, 특히 갓 결혼한 부부들에게 이 중요한 진리를 알려 주어야 한다. 사소하고 무의미하게 보이는 유아기의 슬픈 경험들이 그 아이가 성장해서 획득할 모든 교육의 효과를 크게 파괴할 수 있다는 사실, 즉 아주 작은 이러한 슬픈 경험들이 예측할 수 없는 엄청난 결과를 초래할 수도 있다는 사실을 어떻게 하면 생생하게 보여 줄 수 있을까? 유아기에 겪는 초기 인상의 막대한 영향력 때문에 잘못된 양육은 결국 유아에게 해로운 결과를 가져올 수 있다는 사실을 어떻게 하면 생생히 전할 수 있을까?

잘못을 피하고 옳은 것을 찾는 것은 어렵지 않다. 더도 덜도 말고 음식은 언제나 영양분을 주는 정도면 족하다. 음식은 목적 자체가 되어서는 안 되며 신체적·정신적 활동을 증진시키기 위한 것이어야 한다. 맛과 먹음직스러움 등 음식의 특성이 목적 자체여서는 안 되며 안전하고 순한 맛이면서 건강에 좋은 영양수단이면 된다. 그렇지 않으면 어느 쪽의 경우라도 음식으로 건강을 해칠 수 있다. 따라서 유아들의 음식은 그들이 살고 있는 환경이 줄 수 있는 가장 단순한 것이 되도록 하고 유아들의 신체적·정신적 활동이 조화를 이루도록 적당한 양을 주도록 하자.

프뢰벨의 인간의 교육

32
유아의 옷

아이들이 유아기에 방해받지 않고 자유롭게 움직이고 놀며 발달하고 성장하기 위하여 옷 또한 끈으로 매는 등 중압감을 주는 것을 입히지 말아야 한다. 자유롭게 뛰어놀 수 있는 의복이어야 한다. 불편한 옷들은 아이의 마음을 답답하게 하고 구속하기 때문이다. 유아기와 그다음 시기의 아이들의 옷은 동여매는 것이어서는 안 되는데 옷으로 몸을 잡아매는 것은 마음과 영혼까지 잡아매는 효과를 가져오기 때문이다. 옷의 모양, 색깔, 타입 등은 그것 자체가 목적이어서는 안 된다. 그렇지 않으면 유아는 자신의 진정한 모습 대신에 겉모양에만 주의를 기울여 인간이기보다는 헛되고 보잘것없는 인형 같은 꼭두각시가 되어 버릴 것이다. 그러므로 옷은 유아 또는 어른 모두가 아주 중요하게 생각해야 할 일이다.

33
현명한 어머니의 양육

부모가 하듯이 아이 양육에 참여하는 가족이나 친척들의 목적과 목표는 첫째, 유아의 생득적 능력과 선천적인 재능을 모두 일깨우고 발달시키는 것이다. 둘째, 유아의 능력과 재능이 필요로 하는 바를 모든 어른들이 충족시켜 주는 것이다. 셋째, 인식 능력이 성장해야 할 유아를 위해 이미 인식 능력이 높아진 어른들이 의도적으로 도와주기 위해서이다. 특히 어머니는 의식적으로 아이와 생동감 있는 내적 연결을 해 가면서 아이의 인식 능력이 계속 발달하도록 노력해야 한다(§2 참조).

나는 어머니가 취해야 할 행동에 대해 묘사함으로써, 이 일의 본질, 의미, 관계성을 보여 주고 싶다. 아주 보통 어머니라도 사려가 깊다면 앞에 말한 목적을 달성할 수 있다. 인간은 불완전한 상태에서 완전한 상태로 간다. 그러므로 이러한 묘사가 사려 깊고, 이성적인 부모의 사랑을 일깨울 수 있고, 유아기의 발달이 방해 없이 진행될 수 있기를 바란다.

"네 팔을 나에게 보여 주렴." "손이 어디에 있니?"와 같은 말을 할 때, 어머니는 아이로 하여금 아이 자신의 몸이 복잡하다는 것과 손과 팔은 다르다는 것을 느끼도록 가르치고 있다.

"손가락을 물어 보렴." 이 말은 특히 잘 생각하고 한 말이다. 아이와 함께 놀면서 사려 깊은 어머니가 마음속에서 자연스럽게 피어오른 느낌에 따라 잘 생각하고 한 말이다. 아이가 어릴 때에는 아이에게 물체를 함께 주어 생각을 많이 하게 해야 한다. 물체는 처음에는 물체의 특성만 갖고 있어 아이와 하나가 되지 않은 상태이다.

보다 중요한 것은 아이가 볼 수 없는 코, 귀, 혀와 같은 신체기관에 대한 지식을 어머니가 아이와 즐겁게 놀면서 지도하는 것이다. 어머니는 마치 머리와 얼굴에서 코와 귀를 떼어낼 것처럼, 코와 귀

프뢰벨의 인간의 교육

를 부드럽게 잡아당기며 아이에게 자신의 손가락이나 엄지손가락의 반을 가리고 끝부분만을 보여 주면서, "나는 귀와 코를 잡았어요."라고 말하면, 아이는 재빨리 자기 손으로 자신의 귀나 코를 잡으며, 코와 귀가 아직도 자기 얼굴에 그대로 있다는 것에 크게 즐거워하며 미소 짓는다. 이러한 활동으로 어머니는 아이가 직접 볼 수 없는 것도 알고 싶어 하게 할 수 있다.

이 모든 것은 유아가 아동기로 접어들 때 자의식을 갖도록 도와주고 자신에 대하여 반성적 사고를 하도록 이끌어 준다. 이렇게 하여 열 살짜리 아동은 본능이 이끄는 대로, 아직 제대로 관찰하지 못한 자신을 믿으며 혼잣말을 한다. "나는 팔도 아니고 귀도 아니야. 나는 내 모든 팔다리와 몸속 기관을 나 자신과 분리시킬 수 있지. 그래도 여전히 난 나야. 그런데 나는 내가 어떤 사람인지 궁금해. 내가 나라고 부르는 사람은 누구이고 무엇을 하는 사람이지?"

어머니의 사랑 역시 아이와 함께 이런 방식으로 활동하면서 다음과 같은 일들을 해 보도록 안내한다. "네 혀를 보여 주렴." "네 이빨을 보여 다오." "네 이로 이것을 물어 보렴." "이 양말 속에 발이 있고 발은 신발 속에 있네."

이렇게 하면서 모성적 본능과 사랑은 점진적으로 어린 자녀를 아이와 가장 가까운 외부 세상으로 안내한다. 전체에서 부분으로, 가까운 대상에서 멀리 있는 대상을 향하도록 이끌어 가는 것이다.

어머니는 아이의 관심을 외부 사물로 향하게 하는 한편 그 사물들 간의 관계성을 보게 했다. 사물의 속성과 특성도 보게 안내했다. 어머니는 아이가 반드시 실제로 활동하게 했고 사물의 특성들을 보여 주게 했다. 그 이후에는 아이가 실물은 없이 듣기만 하며 사물의 특성을 말하게 했다.

어머니는 "촛불이 타고 있네."라고 말하면서 아이의 손가락을 촛불의 불꽃 쪽으로 조심스럽게 이끌어 간다. 어머니는 아이가 실제로 데지 않게 하면서 뜨거움을 느껴보게 함으로써 미지의 위험으로부터 아이를 보호한다. 또는 "칼은 찌른단다."라고 말하면서 어머니는 아이의 손가락을 칼날에 조심스럽고 부드럽게 누른다. 또는 "수프에 입을 데인단다."라고 일러주기도 한다.

이후 성장 단계에서 어머니는 사물이 지속적으로 갖고 있는 특성이나 원인 등에 대해 아이가 주의를 기울이도록 다음과 같이 말한다. "수프는 뜨거워서 데일 수 있어." "칼은 날카로워서 찌르고 베일 수 있어. 만지지 말아." 결과를 알려 줌으로써 어머니는 날카롭기 때문이라는 내재된 원인을 알려준다. 그 내재된 특성에 대한 지식은 그 특성으로 인한 결과를 알게 하여 아이가 실제 찔려 보거나 손을 베이지 않고도 '찔린다' '베인다'와 같은 결과를 알게 해 주는 것이다.

아이로 하여금 행동으로 직접 체험하게 한 후, 그 행동을 찬찬히 생각해 보게 하는 어머니도 있다. 어머니는 자신도 즐거운 마음으로 자녀에게 바른 행동을 가르칠 수 있다. 밥을 먹으려는 아이에게 "입을 벌려야지." 씻어야 하는 아이에게는 "눈을 감으렴." 하고 요구해 나간다. 또 어머니는 아이에게 자신이 하는 행동의 목적을 알도록 가르친다. 어머니는 아이를 그의 작은 침대에 눕히면서 "잠자야지."라고 말하는가 하면, 음식 한 숟가락을 아이 입술에 대어 주면서 "먹으렴. 우리 예쁜 강아지."라고 말한다. 그리고 어머니는 음식이 맛을 느끼는 신경에 미치는 영향, 음식과 신체의 관계에 미치는 음식의 효과에 대해 알게 하기 위해 쉬운 말로 "정말 맛이 좋구나!"라고 말해 준다. 아이의 흥미를 꽃향기로 끌기 위해 어머니는 킁킁거리는 흉내를 내면서 "정말 향기 좋구나. 너도 냄새 맡아 보지 않을래?"라고 말한다. 다른 한편 냄새가 나쁠 때 어머니는 실망스러운 표정을 지으면서 꽃으로부터 얼굴을 돌리고 아이에게서도 꽃을 멀리 가져가 버린다.

이렇게 하면 가장 평범한 어머니도 드러나지 않게 사랑스러운 아이에게 가장 자연스러운 방법으로 아이의 모든 신체부위와 감각들이 최대한 활성화되도록 애쓴다.

불행하게도 우리들은 자만심 때문에 인간 발달의 출발점이 자연성과 신성이라는 점을 잊어버리고 있다. 우리는 출발점과 도착점, 그리고 올바른 방향도 잃어버리고 갈피를 못 잡고 있다. 우리는 하나님과 자연을 인정하지 않고 인간의 지식과 재주로 무엇인가를 찾으려 하고 있다. 우리는 카드로 집을 짓고 있는 셈이다. 그곳에는 아기를 낳은 어머니가 양육할 여지가 없고 하나님이 영향을 행사할 공간도 없다. 삶의 본능과 즐거움 때문에 내는 아이의 아주 작은 말소리만으로도 그 집은 무너진다. 집을 튼튼히 세우고 싶다면 아이를 신체적으로나 지적으로 사로잡아야만 한다.

이러한 논의는 우리를 어디로 이끄는가? 세상 물정에 밝은 소위 세련됐다고 자랑하는 사람들의 아이 방을 보자. 그들은 아이들에게 성장의 싹이 있으며 유아기에 이를 싹틔우고 키워야 한다는 사실을 거의 믿지 않는다. 그들은 또 아주 적은 징후라고 할지라도 아이들의 됨됨이와 미래의 모습이 모두 아이 안에 존재하고 있으며 이 가능성이 아이의 내면에서부터 시작하여 외부로 나타난다는 사실을 전혀 모른다.

그러므로 이 방에 보이는 모든 것에는 영혼이 없다. 분위기는 냉담하고 소리는 크고 시끄럽다. 아이는 여기에 없지 않은가?

아, 슬프다! 여기는 엄마의 방이 아니고 아이의 방이다. 어머니의 취향에 맞게 꾸미면 아이의 방이 아니다.

자, 그럼 아이와 어머니가 함께 있는 방으로 가 보자. 어머니와 아이는 같은 방을 쓸 뿐만 아니라 일심동체이다. 어머니는 낯선 사람에게 아이를 맡겨 기르는 것을 싫어하기 때문이다. 그 방에서 어머니가 아이에게 움직이는 사물을 보여 주며 하는 말을 잘 들어 보자. 어머니는 "저것 봐, 새가 노래하네! 멍멍 개가 짖네!" 그런 다음 바로 "짹짹이는 어디 있지? 멍멍이는 어디 있지?" 하며 소리를 듣고 동물의 종류를 알아보게 한다. 소리를 들으며 동물 소리를 내게 하며 아이의 관심을 끈다. 어머니는 더 나아가 그 동물의 특성뿐 아니라 그 동물과 특성이 전혀 다른 것도 눈여겨보도록 시도한다. 어머니는 먼저 "새가 날아가네."라고 실제 나는 새를 보며 말한다. 그다음 새가 날아갈 때 흔들리는 물 표면이나 거울에 반사되는 고르지 않은 빛을 보여 주며 "작은 새를 봐라."라고 말한다. 그런 다음, 어머니는 이것은 단지 새의 움직임에만 초점을 둔 실체가 없는 현상이라는 것을 가르치기 위해 "새를 잡아 봐."라고 말하면서 그 흔들리는 물 표면이나 반사되는 거울을 아이의 손으로 덮게 한다.

프뢰벨의 인간의 교육

다시 아이들이 움직임만을 생각하도록 어머니는 흔들면 왔다 갔다 진동하는 물체를 쥐고 "흔들-흔들." "왔다-갔다."라고 말한다.

비슷한 방법으로 어머니는 유아들에게 사물이 끊임없이 변한다는 사실에 관심을 갖게 한다. 예를 들어, 촛불을 보여 주며 "여기 불빛이 있지?" 그것을 치우고 "빛이 없어졌네." 또는 "아버지께서 오신다." "아버지께서 가신다."라고 한다. 또는 사물이 스스로 움직이는 것을 보여 주며 "이리 온, 고양이야. 우리 예쁜 고양이." 또는 "뛰어, 고양이. 뛰어."라고 말한다. 또 "고양이를 잡아 봐."라든지 "꽃을 쥐어 봐."라고 하거나 천천히 공을 굴리며 "공을 잡아 봐."라며 아이의 신체활동도 자극한다.

모든 것을 보듬어 주는 어머니의 사랑은 "아빠, 사랑해요."라고 말하면서, 또는 아버지의 볼에 아기의 손을 갖다 대고 쓰다듬도록 하며 "사랑하는 아빠."라고 하든지, 또는 "언니, 사랑해."라고 함으로써 아기와 아버지, 형제자매들 간의 공동체적 구성원으로서의 느낌을 일깨워 준다.

이와 같은 공동체 감정이나 유아의 내적 생명은 행동으로 느껴지도록 노력하는 어머니의 사랑으로 발달한다. 유아가 규칙적으로 리듬 있게 움직이는 것은 특히 중요하다. 어머니는 아이를 손이나 팔에 안고 리듬이 있는 소리에 따라 위 아래로 어르는 동작을 하여 아이가 의식하며 내적 생명을 이끌어 내도록 한다.

순수하며 자연의 법칙을 따르는 어머니는 유아 내부에서 서서히 일어나고 있는 여러 측면의 발달 성향을 조심스럽게 따라간다. 어머니는 이를 강화함으로써 유아 내면에 있는 모든 측면의 생명력이 심화활동을 마련하여 일깨우고 발달하게 한다.

다른 유형의 어머니는 유아의 마음을 텅 빈 상태로 가정하고 자신이 생명을 불어넣으려 하거나 자신들이 생각한 만큼 유아의 마음을 텅 비게 만들어 생명을 빼앗는다. 그리하여 계발의 의미를 상실하게 만든다. 계발이란 인간 삶의 초기에 자연의 법칙과 리듬에 단순히, 자연스럽게 따르기만 하면 이루어진다. 그런데 소수의 사람만이 이 중요성을 깨닫는다. 그리고 소수의 사람만이 인간 발달의 중요성을 이 법칙과 연관 지어 생각하며 양육하고 교육한다.

유아기에 순수한 리듬에 맞추어 움직이는 동작 발달은 이후의 인간 발달 시기마다 가장 도움이 된다. 우리는 유아교육에서 리듬에 맞추는 동작 발달을 너무 일찍 그만둠으로써 교육자로서 우리 스스로의 의무와 학습자인 유아의 권리를 빼앗았다. 리듬 있는 동작이 발달하면 적절한 기준이 되어 유아의 삶을 보다 쉽게 합리적으로 성취하게 한다. 생활하고, 움직이며, 활동할 때 제멋대로이거나, 도리에 맞지 않거나, 상스럽게 행동하는 것이 많이 없어질 것이다. 유아는 좀 더 단호하며 극단으로 흐르지 않고, 화합하는 태도를 익혀 후에 자연과 예술, 음악과 시를 보다 깊게 이해하게 될 것이다.

아주 어린 유아라도 조용히 있거나 특히 잠들려고 할 때 어머니가 들려준 노래를 흥얼거릴 수 있다. 주의 깊게 관찰하는 사려 깊은 어머니는 이것 역시 놓치지 않을 것이다. 이때 들려준 멜로디는 최초의 싹이 되어 마음에 새겨지고 유아의 음감을 발달시킬 것이다.

틀림없이 이것은 곧 유아들이 말하기 능력을 획득할 때와 비슷한 방식으로 자발적으로 활동하게 할 것이다. 말하기 능력을 획득

프뢰벨의 인간의 교육

한 유아들은 겉으로 보기에는 노력을 기울이지 않는 것 같지만 새로운 아이디어나 독특한 관계, 새로 발견한 사물 간의 관계에 대한 단어를 인식하고 익힌다.

그러므로 사려 깊은 어머니가 아이다운 순수함을 지키며 키운 여자아이는 솜털이 뒤덮인 연한 나뭇잎을 오랫동안 조심스럽게 살펴보고 난 후 "어머! 이 솜털 좀 봐."라며 즐겁게 소리칠 것이다. 어머니는 이런 특성을 보도록 가르친 기억이 없는데 아이가 섬세하게 표현해서 놀랄 것이다.

마찬가지로 별이 많이 뜬 맑은 밤하늘에 서로 가까이 마주 보며 유난히 반짝이는 두 별을 쳐다보던 여자아이가 "아빠 별, 엄마 별."이라고 즐겁게 소리쳤다. 아직도 이 어머니는 아이가 별을 보며 어떻게 그런 연상을 할 수 있었는지 알 수가 없다.

34
서기와 걷기 학습

아기가 일어서고 걷도록 가르칠 때, 우리는 보행기나 끈을 사용해서는 안 된다. 아기는 자유롭고 독립적으로 충분히 균형을 잡을 수 있을 만큼 강할 때 서야 한다. 그리고 아기가 자유롭게 앞으로 움직이고 혼자 균형을 유지할 수 있을 때 걷게 해야 한다. 유아가 수직으로 앉을 수 있기 전에 서게 해서는 안 된다. 유아 스스로 근처에 있는 큰 물체를 짚고 일어설 수 있을 때, 그래서 도움을 받지 않고 유아가 균형을 잡을 수 있을 때 서게 해야 한다. 유아가 길 수 있고, 자유롭게 일어날 수 있고, 균형을 유지할 수 있고, 자기 힘으로 앞으로 발을 뗄 수 있기 전에 걷게 해서는 안 된다. 우선, 엄마로부터 좀 떨어진 곳에 아기를 세우고 그 아기가 자기 혼자 일어나 엄마의 무릎으로 걸어오게 하는 것은 아기로 하여금 앞으로 걸어가고 싶은 마음이 생기게 할 것이다. 그러나 곧 유아는 자기 발에 힘을 느끼고 혼자 걸었다는 사실을 몹시 기뻐하게 된다. 예전에 그 아기가 서는 예술을 반복한 것처럼 이번에는 앞으로 걷는 연습을 기쁜 마음으로 반복할 것이다. 짧은 시간 안에 아기는 애써 긴장하거나 노력하지 않고 걷는 연습을 시작한다. 반들거리고, 대칭적이고, 밝고, 동그랗고, 부드러운 조약돌에 매력을 느낄 것이고, 화려한 색깔과 펄럭이는 종이에 이끌리며, 반들거리고 대칭적이고 모서리가 셋 또는 넷인 나뭇조각을 신기해할 것이며, 쌓기를 위한 직사각형 나무 블록, 빛나고 기이한 나뭇잎을 보기 위해 여기저기 걸어 다닐 것이다. 그리고 유아는 새로 배운 팔 다리의 사용 방법의 도움을 받으며 물건들을 잡아 보려 할 것이며, 같은 것은 함께 모아 놓고 다른 것은 분리해 놓으려 할 것이다. 가까스로 혼자 똑바로 설 수 있고 안간힘을 써야 겨우 걷는 유아를 보라. 그는 작은 가지, 볏짚 한두 올을 본다. 그는 마치 봄에 어린 새가 그의 둥지에 그것들을 옮겨 놓는 것처럼, 고통스럽게 그것을 집어 온다.

아이가 힘들게 상체를 굽히고 천천히 지붕의 처마 아래 땅을 걸으며 앞으로 나가는 것을 보라. 강한 빗줄기로 작고 부드럽고 빛나는 조약돌들이 모래 위로 보인다. 끊임없이 관찰하는 유아는 쌓기 놀이를 하기 위해 그것들을 모은다. 마치 미래건물을 지을 자재를 모으듯이. 그가 잘못했는가? 사실, 유아는 장래 삶을 건설하기 위하여 재료를 수집하는 것이 아닐까? 그처럼 같은 것은 함께 모으고 다른 것은 분리할 수 있어야 한다. 거친 것들을 함께 섞어 놓는 것이 아니라 거친 것들만을 함께 모아 놓는 것이다.

35
내적 본성 찾기

만약 빌딩을 견고하게 세우고자 한다면, 모든 재료의 이름뿐 아니라, 재료의 질과 사용법에 대해서도 자세히 알아야 한다. 유아들이 이러한 것을 알고 싶어 한다는 것은 조용하고 바쁘게 노는 활동을 보면 안다. 우리 어른들은 그런 아이들의 욕구를 이해하지 못하기 때문에 그것을 볼 수 있는 눈이나 들을 수 있는 귀를 가지고 있지 않다. 또 유아처럼 느껴보려는 감정 자체가 없기 때문에 아이들을 철부지 같다고 나무란다. 우리가 둔한 것이다. 그래서 유아의 삶이 우리에게 둔해 보인다. 우리는 그 의미를 알지 못한다. 그런 우리가 유아를 위하여 유아의 활동을 해석할 수 있겠는가? 유아들은 어른들이 자신의 활동을 제대로 해석해 주기를 간절히 바라는 마음에서 어른들에게 잘 보이려고 애쓴다. 아이들이 모아 온 물건에 대해 무덤덤하게 느끼는 우리 어른들이 어떻게 그 물건들에 대해 말해 줄 수 있겠는가? 유아들은 어른들이 물건에 대해 무언가를 이야기해 줄 것을 강력히 바라기 때문에 보물을 우리에게 가져와 우리 무릎에 놓는다. 유아는 그의 작은 지평선에 들어오는 모든 것을 사랑하며 그의 작은 세계를 넓혀 간다. 아주 작은 것이라도 유아에게는 새로운 발견이다. 하지만 이 물건들이 유아의 그 작은 지평선 안으로 의미 없이 들어와서는 안 되고 의미 없이 놓여 있기만 해서도 안 된다. 모아온 물건들이 아이의 작은 세상을 희미하게 만들고 망가뜨리지 않도록 의미를 발견하게 도와야 한다.

아이들은 왜 자신들이 이런 물건들을 사랑하는지를 알 것이다. 유아들은 모든 사물의 특성, 가장 내면의 본성을 알게 됨으로써, 애착을 갖고 사물을 이해하는 법을 배운다. 이런 이유로 아이들은 물건을 이모저모로 살펴본다. 그래서 그것을 찢고 부수고, 입에 넣거나 물어 뜯어보는 것이다. 어른들은 아이들이 장난스럽다거나 어리석다며 나무란다. 그러나 유아들은 그들을 나무라는 우리보다 더 현명하다. 아이들은 사물의 내적 본질을 아는 것 같다.

아이의 생득적 충동을 적절하게 인정해 주고 바르게 안내해 주면 아이들은 자신이 하는 모든 일에서 하나님을 발견하기 위해 애쓸 것이고 이렇게 하도록 자신을 채찍질할 것이다. 하나님은 아이들에게 이해, 판단력, 언어를 주었다. 자신의 삶을 이끌어 주는 사람들이 이러한 본능을 만족시켜 주는 것이 아니고 만족시켜 줄 수도 없다. 유아들 스스로 그 물건을 탐구해서 만족을 얻는 것이어야만 한다.

깨어진 물건이 별 볼 일 없는 것은 사실이다. 그러나 깨어진 돌이나 찢어진 꽃잎 중 적어도 같은 부분이나 다른 부분이 있게 마련이다. 이는 곧 사물에 대한 유아의 지식이 확장되는 것을 의미한다. 어른들은 다른 방식으로 자신들의 지식을 확장시키는가? 식물의 내면은 골이 있거나, 속이 텅 비거나, 나무로 차 있는 것은 아닌가? 나무를 자른 면은 원, 삼각형, 사각형, 다각형 중 어느 것이 아닐까? 나무의 갈라진 곳은 반들거리든지 울퉁불퉁할 것이고, 부드럽거나 거칠 것이며, 비투과성이거나 투과성이며, 쪼개지기 쉬운 것이든지 아니면 조개껍질처럼 단단한 것이고, 섬유질이 많든지 아니면 까칠까칠하지 않은가? 나뭇조각은 끝이 날카로운 것도 있고 무딘 것이 있지 않던가? 무르거나 혹은 오히려 깨지지 않으면서 바람에 날리지도 않는 것이 있지 않던가?

처음에 아이들은 외부세계에서 볼 수 있는 물체의 다양한 본질을 알아낸다. 다음에 물체와 자기와의 관계를 파악하며 사물을 알아 간다. 이 과정에서 유아는 그 물건을 좋아하는 이유와 애착을 느끼는 이유를 알게 되지 않겠는가? 우리 어른들이 지식을 획득하는 과정이 이와 다른가?

교사들이 직접 아이들에게 해 보게 하거나 아이들에게 이와 같은 과정으로 지식을 획득하도록 노력할 때까지 우리 부모들은 아이들이 활동할 때 이 과정을 간과했다. 물론 그 가치와 중요성도 인식하지 못했다.

그래서 가장 명석한 교사가 분명히 말해 주어도 우리 아이들이 깨닫지 못할 때가 많다. 유아기에 부모들로부터 적절한 설명을 들

II. 유아기의 인간

으며 배웠어야 할 것들을 아이들이 커서 배우게 되어 교사의 설명을 알아듣지 못하기 때문이다.

유아기 아이들은 양육자로부터 거의 도움을 받지 않아도 기회만 준다면 쉽게 배운다. 유아기에는 아이들이 활동하고 발견한 것을 명확히 알려 주고, 명명해 주고, 언어화해 주는 정도로 족하다.

실제 유아기의 아이들이 사는 가정의 양육 분위기는 삶을 풍요롭게 하기도 하고 반대이기도 하지만 부모들은 그 점을 보지 못한다. 중요한 것은 아이들의 삶이지만 우리는 그것을 느끼지 못한다. 아이들의 삶은 인류의 운명 및 소명과 밀접한 관련이 있는데 우리는 이 사실을 깨닫지 못한다. 우리 부모들은 유아의 내면에 담긴 싹을 보호하고, 양육하고, 발달시키는 것에 실패할 뿐 아니라 아이들의 잠재력이 아이들의 본능에 의해 짓눌리고 짓밟히게 놔두거나, 부자연스러운 방법으로 약한 쪽으로 출구를 발견하게 내버려 둔다. 이와 같은 현상을 식물의 경우에서 보게 되는데, 잘못 나온 싹이 그것이다. 인간 식물이라고 볼 수 있는 아이들도 마찬가지여서 에너지를 잘못 사용하게 되고, 욕구와 본능 역시 잘못 분출된다.

나중에 유아들이 아동기로 잘 진입하도록 하기 위해 에너지, 욕구, 본능을 다른 방향으로 돌리고자 하나 너무 늦었다. 우리는 유아의 삶이 아동기로 넘어가는 심오한 의미를 이해하지 못했을 뿐만 아니라 그것을 잘못 판단하기까지 했다. 우리 부모들은 아이들을 양육하는 데 실패했을 뿐 아니라 잘못 안내했으며 짓밟았다.

한 아이가 조약돌을 발견했다. 가까이에 있는 판자에 조약돌을 문질러서 판자의 색깔이 변한다는 것을 실험하면서 아이는 그 조약돌의 특성을 알아냈다. 석회, 점토, 붉은 돌, 분필 조각으로 그런 실험을 한다.

새롭게 발견한 특성에 아이가 얼마나 기뻐하는지, 얼마나 분주히 그것을 해 보는지를 보라! 큰 판자의 표면 전체의 색이 변한다.

처음에 유아는 그 새로운 특성에 대해 기뻐하다가 바뀐 표면, 빨간색, 흰색, 검은색, 갈색—굽어지거나 곧거나 곡선 등 달라진 모양에 대해 기쁨을 느끼기 시작한다. 이렇듯 평면에 나타나는 선의 변화는 아이로 하여금 주변 물체의 평면적 특징에 관심을 갖게 한다. 이제 머리는 원형이 된다. 둥근 선은 머리를 나타내고 머리에 달린 타원형의 곡선은 몸을 나타내는 것이고, 직선으로 나타내거나 끊어진 선으로 나타낸 것은 팔과 다리를 의미한다. 직선으로 그린 손가락들은 손바닥 부분에서 다시 만난다. 선들을 그렇게 연결하며 아이는 손과 손가락을 그린다. 아이는 눈을 점으로 보고, 다시 점으로 눈을 나타낸다. 이런 식으로 아이에게 새로운 세상이 안팎으로 열린다. 사람들이 나타내려고 하는 것이나 행동하는 것이 무엇인지 아이는 이해하기 시작한다.

선의 관계에 대한 지각이나 묘사는 유아기 아이가 아동기로 들어가서 경험할 새로운 세상을 다양한 측면으로 열어 준다. 유아는 축소된 방식으로 바깥세상을 표상할 뿐 아니라 자신의 눈으로 더 쉽게 그것을 이해한다. 또는 새롭게 연상하여 자기 마음에 생동감 있게 남아 있는 것을 바깥으로 재생산할 뿐 아니라 전적으로 생경 스러운 세계, 힘의 세계에 대한 지식이 미약하나마 이곳에 뿌리를 내린다.

유아들은 구르는 공 또는 굴러온 돌, 던져지거나 떨어진 돌, 고여 있거나 많은 줄기로 뻗어 가는 물, 이 모든 것들을 보며 힘의 영향이 각각 다르게 나타나며 항상 어떤 선을 따라 작용한다는 것을 배운다.

따라서 선으로 사물을 표상하는 것은 아이가 힘이 작용하는 방향을 인지하는 데 도움이 된다. "여기 개울물이 흐른다."라고 말하면서 아이는 개울이 흐르는 방향을 표시한다. 아이가 나무를 뜻하는 선을 그리고 "여기 다른 가지가 자라고, 여기 또 다른 가지가 자란다."라고 말한다. 그리고 나무의 몸통을 선으로 그린 후 가지를 나타내는 선을 그린다.

매우 의미심장하게 아이는 말한다. "여기 새가 날아와요." 그리고 새가 날아오는 방향을 바람처럼 선으로 그린다.

아이에게 분필 또는 그릴 수 있는 도구를 주어라. 그러면 곧 새로운 창조물이 그 아이와 당신 앞에 나타날 것이다. 아버지도 약간의 선으로 사람이나 말을 그려라. 선으로 그려진 사람이나 말은 실제 사람이나 말보다 더 많은 기쁨을 아이에게 줄 것이다.

37
그리기의 발달, 언어와 그림

어머니와 그 외 양육자 여러분, 이러한 상황에서 아이들을 어떻게 안내해야 하는지 아는가? 아이들을 잘 살펴보고 관찰해 보라. 오히려 아이들이 여러분에게 무엇을 해야 할지 가르쳐 줄 것이다.

한 아이가 테이블 모서리와 가장자리를 따라 가능한 한 손이 닿을 수 있는 곳까지 손가락으로 따라가며 더듬고 테이블을 그려 보고 있다. 그리고 나서 아이는 사물 위에 그림 종이를 놓고 그 사물을 있는 그대로 그려 본다. 이것은 아이들이 먼저 사물의 형태와 윤곽을 알아 가는 가장 첫 번째이자 안전한 방법이다. 마찬가지 방법으로 아이들은 의자, 벤치, 창문 등을 그리면서 사물의 모양을 배운다.

아이들은 성장하면서 그림 그리기에 더 숙달되고 발전한다. 아이들은 네모난 모양의 판, 즉 테이블, 의자와 벤치의 앉는 자리에 선을 그려 보는데, 이러한 것이 외관(겉모양)의 형태와 관계를 계속 유지하고 마음에 간직하는 방법이라고 막연하게나마 생각하기 때문이다. 조금 후에 아이들은 축소된 크기로 사물의 형태를 그려 본다.

보라! 여기에 아이들이 테이블 표면 위에다가 테이블, 의자, 벤치, 그리고 많은 다른 것들을 그리고 있다. 아이들이 이 정도 수준에 도달할 때까지 얼마나 자발적으로 발전하고 성장하는지 보이지 않는가?

II. 유아기의 인간

아이들은 옮길 수 있고 쥘 수 있는 물건을 탁자나 벤치, 테이블 위에 올려놓고 손으로 사물들의 외형을 만져 보며 그린다. 그런 후에 가위와 상자 다음에는 나뭇잎과 잔가지뿐 아니라 아이들 자신의 손과 물건의 그림자까지도 이런 방식으로 그린다.

아이들은 내가 하나하나 나열하는 것 이상으로 많은 것들을 이러한 과정을 통해 습득한다. 예를 들면, 형태에 대한 분명한 개념, 혼자서 모양을 표상해 낼 수 있는 능력, 이러한 것을 자유롭게 표상할 수 있는 손과 팔의 힘을 길러 주고 반복해서 연습하는 태도를 길러 준다.

세심한 어머니, 또 사려 깊은 아버지, 호의적인 가족(가족 중에 어느 누구도 그림을 그려 주거나 화가가 아니라고 해도)이라면 아이들이 어느 정도 상당히 정확하게 직선과 사선 혹은 지름, 심지어 수직으로 된 직사각형 물체(거울, 창문 등의 다양한 물건)를 어느 정도 비슷하게 그릴 수 있는 아동기로 성장하도록 이끌어 줄 수 있다.

부모가 너무 아는 척한다거나 지나치게 정확하게 가르치려 하지 말고 아이들의 행동에 대해 적당한 말로 이야기해 주는 것만으로도 아이들의 힘과 능력은 발달하고 강화된다. 예를 들어, "이제 나는 테이블을 그리고 있어요. 거울을 그리고 있어요. 나는 지금 석판에, 판지 위에 대각선을 그리고 있어요." 등으로 말하게 하는 습관은 꼭 필요한 일이다.

이러한 것은 아이들의 내면과 외부의 힘을 강화시키고, 지식을 증대시키며, 실수를 줄일 수 있도록 판단력과 사고력을 길러 준다. 아이 스스로 배우도록 그냥 내버려 두면 빨리 배우지 못한다. 말로

프뢰벨의 인간의 교육

이야기해 주고 그림으로 그리게 하는 것은 상호보완이 된다. 왜냐하면 어느 하나 자체만으로는 표상했던 사물을 설명하는 것이 완전하고 충분하지 못하기 때문이다. 그림은 말과 사물 사이에 적당하게 위치해 있으며 그것들 각각의 어떤 특별한 특성을 공유하기 때문에 유아 발달에 가치가 있다. 정확한 그림의 형태와 윤곽은 사물과 같은 역할을 한다. 그러나 말은 결코 사물 자체가 아니다. 사물의 이미지를 전달할 뿐이다. 말과 그림은 명확히 대비되는 다른 특성을 가지고 있다. 말은 살아 있는 반면 그림은 죽어 있고, 그림은 눈에 보이는 것이지만 말은 들을 수 있다. 그러므로 그림과 말은 둘 다 빛과 그림자, 밤과 낮, 영혼과 육체처럼 뗄 수 없는 불가분의 관계이다. 그러므로 그림을 그리는 능력은 말할 줄 아는 능력만큼이나 아이들에게 천부적인 능력이다. 언어 능력이 꼭 필수적인 것처럼 그림을 그릴 줄 아는 능력도 개발과 훈련이 요구된다. 나의 경험으로 볼 때 그림을 그리는 것을 좋아하는 아이들이나 그림을 그리고자 하는 아이들의 본능적 욕구가 이러한 점을 여실히 보여 준다.

38
수 개념의 발달

사물을 그림으로 표현하거나 사물을 그려 놓은 그림은 유아의 지각을 명료하게 해 준다. 이때 형성된 지각은 특성들을 쉽게 이해하게 만든다. 예를 들어, 눈은 두 개, 팔도 둘, 손가락과 발가락은 다섯, 딱정벌레와 파리의 다리는 여섯 개와 같이 유사한 물체의 수효를 연상하게 해 준다. 그러므로 사물을 그려보는 것은 수를 발견하는 길이기도 하다.

한 가지 물체를 반복해서 본 후 이와 유사한 물체를 보는 것은 수 세기 능력을 길러 준다. 어떤 면에서든지 유사한 종류의 물체가 가진 분명한 특징은 그 물체 부분 부분의 수효를 알려 준다. 유아가 새로운 발견을 함으로써 유아의 머릿속에 수 개념이 발달하고 계발되며, 그럼으로써 유아의 지식범주 및 세계는 확장된다. 이로 인해 유아의 내적 존재가 필요로 하는 중요한 욕구가 만족되고 영혼의 열망이 충족된다. 왜냐하면 유아는 지금까지 유사한 또는 서로 다른 사물들을 어떤 때는 많게 어떤 때는 조금씩 다루면서 모종의 지식이 부족하다는 느낌을 희미하게 갖게 되고 알고 싶다는 열망을 갖게 되기 때문이다. 그러나 이제 유아는 커다란 조약돌 두 개, 작은 조약돌 세 개, 하얀 꽃은 네 송이, 노란 꽃 다섯 송이를 갖고 있다는 것을 안다. 수와 사물과의 관계를 아는 것은 유아의 삶에 아주 많은 도움이 된다. 그러나 유아의 정신은 어머니나 다른 양육자가 아주 어릴 때부터 아이에게 수의 특성을 가르쳐 주고 인간 사고의 독특한 법칙들과 연관시키면서 수 세기 능력을 발달시켜 주기를 요구한다.

유아를 차분하게 관찰하면 유아가 어떻게 인간의 사고 법칙에 따라 보이는 것에서부터 보이지 않는 것으로, 구체적인 것에서 보다 추상적인 것으로 옮겨 가며 자발적으로 생각하는지를 알 수 있다. 처음에 아기는 서로 다른 두 무더기의 사물을 보면서 그 양이 각각 어느 정도인지를 알거나 잴 수 없었다. 그러나 유아는 스스로 쉽게 볼 수 있다. 유아는 이 과정을 무의식적으로 한다. 그 과정은 실제 생활에서 일어난다. 우선 유아는 사과, 배, 호두, 콩 등 비슷한 사물들을 함께 모아 봄으로써 수 개념을 획득한다.

이제 어머니나 다른 양육자가 아이에게 설명하는 말을 해 주자. 보이는 것에 이름을 바꾸어 붙여 말해 줌으로써 유아가 통찰력을 갖게 하고 지식을 획득하게 하며, 아이의 내적 지각력이 높아지게 하자.

유아가 같은 종류의 사물들을 일렬로 배열하는 것을 보지 못한 사람이 있을까? 이런 상황은 누구나 아주 자주 보는 일이다. 이때 다음과 같이 말로 설명을 붙여 이해를 돕자.

사과, 사과, 사과, 사과, 모두 사과다.
배, 배, 배, 배, 모두 배다.

유아들이 일렬로 놓은 사물이 무엇이든지 땅콩, 콩, 조약돌, 나뭇잎 등 대개는 각 종류마다 여러 개가 있다. 이제 유아가 이것을 자세히 볼 수 있도록 하기 위해 어머니로 하여금 아이에게 적절히 말하게 한다. 그 후 아이들이 물건을 하나하나씩 놓으려고 할 때 어머니는 아이에게 이 과정을 정확하고 명확하게 다음과 같이 묘사해 줄 필요가 있다.

II. 유아기의 인간

사과 한 개, 또 사과 한 개, 또 다른 사과 한 개: 사과가 많다.
배 한 개, 또 배 한 개, 또 다른 배 한 개: 배가 많다.

다른 물건들도 이와 같이 해 본다. 각각의 종류마다 계속 양을 늘려주는데 같은 종류로 일정 양을 더해 준다.

'또' '또 다른'과 같이 부정확한 단어들을 사용하는 대신에, 이제 어머니들은 숫자를 정확하게 사용하며 아이와 함께 수를 세고, 증가하는 것을 다음과 같이 세어 보는 것이 좋다.

사과 한 개, 사과 두 개, 사과 세 개 등
배 한 개, 배 두 개, 배 세 개 등

다시, 어머니로 하여금 각각의 물체를 몇 개씩 양을 연속적으로 늘리게 하고 다음과 같이 가르쳐 준다.

* 사과	* 배
** 사과 여러 개	** 배 여러 개
*** 사과 여러 개 등	*** 배 여러 개 등

그런 다음 아이로 하여금 어머니의 발음을 따라해 보게 하라. 마지막으로 아이로 하여금 물건을 놓아보게 한 후 혼자서 수를 세어 보고 말해 보게 하라.

물건의 종류와 수를 말한 후, 다음에는 수 이름은 말하지만 물체의

프뢰벨의 인간의 교육

종류가 무엇인지는 다음과 같이 제일 마지막에 말해 주도록 하라.

*(한 개) **(두 개) ***(세 개) ****(사과 네 개)
*(한 개) **(두 개) ***(세 개) ****(배 네 개) 등

이렇게 하는 이유는 계속해서 쭉 놓여 있는 물체의 집합은 단지 수와 연관이 있을 뿐이고 물체의 종류에 대한 생각은 다음에 해야 할 일임을 알게 하기 위해서이다.

마지막으로, 어머니는 물건의 종류에 대해서는 전혀 말하지 말고, 늘어놓은 물건의 숫자만을 이야기하게 하라.

*(한 개) **(두 개) ***(세 개) ****(네 개) *****(다섯 개) 등

이렇게 하는 것은 추상 능력을 기르고 자연스럽게 수의 집합과 수에 대한 지각력을 높이고자 하는 것이다. 이와 같은 방법으로 유아기에는 수에 대한 지식이(적어도 10까지) 명확하고 확실하게 발달되어야 한다. 그러나 아이들에게 수의 개념을 알려 주기 위해 공허하고 의미 없는 소리만 반복해서 수를 인지시켜서는 안 된다. 만약 부자연스러운 방법을 모두 버리고, 아이들 마음속에 있는 고유의 능력을 이끌어 내서 도와주지 않는다면 아이들은 수를 셀 때 둘, 셋, 일곱, 여덟, 하나, 다섯, 둘로 잘못 세게 될 것이다.

아이들이 실제 물건을 세어 보게 하지 않고, 오랫동안 의미 없는 또 공허한 방법으로 수를 세어 보도록 해서는 안 된다.

II. 유아기의 인간

지금까지 수 개념 발달에 대한 교육방법을 정리하면 알맞은 구체물을 지각하는 활동으로 시작해서 보다 추상적인 활동으로 전환해 주고, 나중에는 가장 추상적인 개념을 갖게 하는 방식이었다. 그러나 경험에 비추어 볼 때, 이런 전환(각 사물 인식→일반적 사고)은 갑작스럽게 일어나는 경우가 많다.

39
아동세계의 자원

유아기가 끝나고 아동기에 들어서는 아이 중 제대로 지도받고 안내받은 아이들이 어떤 내적·외적인 풍요로움이나 활력을 갖게 되는지 알아보자. 유아기에는 가장 연약한 뿌리조차 없는 사고와 느낌, 그리고 지식과 기술의 실체를 아동들은 어디서 발견하며 성인이 되는가? 앞으로 아동기 동안 지향해야 할 교육과 훈육의 내용은 무엇인지 알아보자.

언어와 자연은 아동 주변에 활짝 펼쳐져 있다. 아동은 수, 형태, 크기, 공간지식, 힘의 속성, 물질의 효과 등을 이해하기 시작한다. 색과 리듬, 멜로디가 있는 음악, 형태 등은 아동 내면에 깊이 숨겨져 있는 싹에 영향을 미쳐 특별한 의미를 갖게 한다. 아동은 자연과 예술세계를 어느 정도 명확하게 구별하게 되고 확신을 가지고 자신과 외부세계에 대비할 줄 알게 된다. 아동 내면세계에 이미 의식의 싹이 텄기 때문이다. 그런데 아동을 교육하는 초등학교에서는 아동생활의 중요한 부분인 어머니, 아버지, 오빠, 언니 등 가족의 협력을 생각하지 못하고 있으며 관심도 없다.

40
아버지 어머니 돕기, 근면성의 발달

나는 내 주변을 살펴본다. 이제 겨우 두 살이 지났을까 말까 한 일용직 근로자의 아들이 말을 끌고 있는 것을 본다. 아버지는 아들의 손에 말고삐를 맡기고 있다. 이 어린 친구는 말 앞에 서서 차분하고도 조심성 있게 걸으며 말이 잘 따라오는지 보려고 일정하게 뒤를 돌아본다. 실제로는 아버지가 손에 멈춤 고삐를 잡고 있었지만 유아는 자신이 말을 끌기 때문에 말은 자기 말을 들어야만 한다고 굳게 믿고 있다. 보라, 아버지가 아는 사람과 이야기하기 위해 걸음을 멈추면 당연히 말도 선다. 그러나 유아는 말이 고집스럽게 서 있는 줄 알고 계속해서 걸으라고 고삐를 힘껏 끌고 있다.

세 살이 겨우 지난 우리 이웃집 아들은 마당 울타리 근처에서 자기 집 아기 거위들을 지키고 있다. 부산하게 먹이를 찾는 이 작은 생물들이 먹이를 찾기에는 이 장소가 너무 좁다. 자기가 보고 있는 거위들을 위해 다른 방법으로 먹이를 찾느라 바쁜 이 꼬마 멋쟁이를 피해 아기 거위들은 마음대로 달아나 버린다. 아기 거위들은 위험해 보이는 길로 들어선다. 어머니는 이것을 보고 아이에게 조심하라고 소리친다. 아기 거위가 제멋대로 행동하며 늘 새로운 시도를 하기 때문에 이 꼬마 남자아이는 자신의 일이 힘들다고 생각하는 듯 짜증을 내며 "엄마는 아기 거위 지키는 일이 어렵지 않은 줄 아나 봐."라고 말대꾸한다.

아이들이 부모의 일을 거듦으로써 얻는 현재와 미래의 발달을 누가 알 수 있을까? 또한 부모나 양육자들이 그러한 방법을 마음에 새겨 후에 아이들을 가르치고 훈육할 때 이를 적용한다면 더 많은 것을 획득하여 현재와 미래의 발달이 달라질 것임을 누가 알 수 있을까?

여기 정원사의 아이를 지켜보자. 정원사는 잡초를 뽑고 있다. 아이가 돕고 싶다고 하여 정원사는 아이에게 파슬리의 윤기와 냄새가 독미나리와 다른 점을 관찰하게 하여 파슬리와 독미나리를 구별하는 법을 가르친다.

저기에는 삼림관의 아들이 아버지와 예전에 같이 심었던 씨가 자란 곳에서 잡초를 뽑으려고 나와 있다. 묘목밭에 나있는 모든 것은 똑같이 초록색으로 보인다. 아이는 단지 어린 소나무 묘목만 보지만 아버지는 삼나무를 알려 주며 다른 특징을 보고 구별하는 방법을 가르쳐 준다. 다른 한편에서는 아버지가 표적을 정해 놓고 방아쇠를 당긴다. 그는 과녁을 맞추며 주의 깊게 듣고 있는 아들에게 같은 방향에 있는 세 점은 언제나 하나이며 같은 일직선이라는 것, 다시 말해 라이플총의 총신이 어떤 점을 향해 일직선으로 가기 위해서는 세 점이 모두 그 방향에 놓이도록 해야 하는데 그렇게 되었을

프뢰벨의 인간의 교육

때 총신의 다른 점도 같은 선과 방향에 있다는 것을 가르치고 있다.

또 다른 곳에서 유아는 아버지가 불에 뜨겁게 달군 쇠를 내리치는 것을 본다. 아버지는 열이 쇠를 부드럽게 한다는 것을 가르친다. 또 아버지는 전에 막대를 아주 쉽게 넣었던 구멍에 뜨겁게 달군 쇠막대를 넣는 것이 불가능하다는 것을 보여 주며 열은 쇠를 팽창시킨다는 것도 가르친다(영문 번역자 주: 프뢰벨은 여기에서 친절하고 사려 깊은 아버지가 일상생활 중에 아이와 애정 어린 상호교류를 하면서 아이에게 무궁무진한 정보를 주며 교육시킨다는 사례를 다양한 직종을 예로 들며 무려 세 쪽에 걸쳐 계속 하고 있다. 그러나 여기서는 생략하기로 한다).

아버지들이여, 어린 당신의 자녀들은 당신이 어디에 있든, 어디를 가든, 무엇을 하든 당신을 따르며 그 모든 것을 열정적으로 아주 생생하게 깨닫는다. 아이를 가혹하게 쫓아 버리지 말라. 매번 되풀이되는 아이의 질문에 인내심 없이 대하지 말라. 가혹하게 해대는 어른의 말은 새싹을 눌러 부스러뜨리고 어린 나무의 새순을 자르듯 아이의 삶을 훼손한다. 아버지가 이야기해 주지 않아도 아이 스스로 알아낼 수 있는 것보다 더 많이 이야기해 주지 말라. 물론 다른 사람으로부터 답을 듣는 것이 스스로 답을 찾고 알아내는 것보다는 쉽다. 그러나 어른이 가르쳐 주면 아이는 자기 스스로 찾고 발견할 때보다 반만 듣고 반만 이해하게 될 것이다. 아이가 자신의 노력으로 답의 사 분의 일을 찾는 것이 남의 이야기를 반만 듣고 반만 이해하는 것보다—이것은 정신적으로 나태해지는 것이다—훨씬 값지고 중요하다. 그러므로 당신 자녀들의 질문에 언제나 즉시

II. 유아기의 인간

또는 직접적으로 답하지 말라. 유아들이 충분한 능력과 경험이 생기면 곧 자신이 가진 지식의 범위 안에서 답을 찾을 수 있는 방법을 마련해 주라.

부모들—특히 아버지들은(아동기로 진입하고 있는 유아들의 특별한 보호와 지도를 맡고 있으므로)—그들에게 주어진 '자녀 안내'라는 아버지의 의무를 충실히 수행하고 있는지 심사숙고해 보자. 자녀 양육이 주는 기쁨을 아버지로 하여금 느끼도록 하자. 우리의 어린 자녀를 안내하면서 느끼는 기쁨이나 즐거움, 아이와 더불어 살며, 아이를 위해 사는 기쁨이나 즐거움보다 더 큰 기쁨은 그 어떤 것에서도 얻을 수 없다. 우리 아이들과 마음을 주고받는 것보다 더 큰 기쁨, 즐거움, 우리가 가장 원하는 완전한 만족은 그 어디에서도 찾거나 기대할 수 없다. 또 다양한 측면에서 우리 자신을 위해 즐거움을 만들어 낼 수 있는 곳인 가정의 가족관계에서 발견할 수 있는 즐거움보다 더 큰 즐거움을 주는 것이 바로 자녀와의 관계이다.

행복하고 즐거운 가족에 둘러싸인 평범한 가정에서 아버지가 자신의 경험에 따라 여기에 쓰인 바와 같이 간략하게 이야기하는 것을 보고 우리는 그 진실성에 깊이 감명을 받아야만 한다. 그는 행동의 원칙을 요약하여 말한다. "어릴 적부터 사고하도록 이끄는 것, 이것이야말로 자녀 양육의 첫 번째이자 가장 중요한 목표라고 생각한다."

유아기부터 부지런히 일하는 습관을 몸에 배게 하고 근면한 습관을 갖게 하는 것은 자연스러운 일이고 설명이 필요하지 않은 당연한 일처럼 보인다. 또한 사고하도록 안내받은 유아는 동시에 가정에

적이고 시민이 가져야 할 미덕인 근면과 부지런함을 익히게 된다.

씨가 그늘을 드리우는 푸르고 튼튼한 나무가 되고, 향기로운 꽃을 피워 단단하게 잘 여문 열매를 맺는 것처럼 우리들이 해 주는 말은 유아의 삶을 꽃피우는 씨앗이다. 어린 자녀가 아무 생각도 없고, 게으르게 지내도록 한 결과 어리석고 무의미하게 자라도록 하는 어른들은 이 말을 잘 듣고 마음에 새기라!

41
어른들의 둔함

유아들과 함께 생활하고 마음을 주고받는 동안 이러한 진실이 나타날 것인지 아닌지는 단언하기 어렵다. 우리들의 정신과 마음의 상태를 잘 살펴보면 예민하지 못하고 우리를 둘러싸고 있는 것도 우리에게 활력이 되지 못하기 때문이다. 우리가 가진 모든 지식도 유아를 위해서는 허울일 뿐이다. 우리가 말하는 거의 모든 것은 무의미하고 생명이 없어 실속 없고 보잘것없다. 아주 드문 경우이지만 우리들이 생활과 자연에 관해 이야기할 때 우리는 삶을 즐길 수 있다.

그러면 좀 서둘러 보자! 우리 아이들에게 삶에 대해 이야기해 주자. 유아들을 통하여 우리들의 말에 의미를 주고 우리와 관련된 사물에 생명을 주자. 우리는 아이들과 함께 살고 아이들이 우리와 함께 살게 하자. 그럼으로써 우리는 우리가 필요로 하는 모든 것을 그들을 통해서 얻게 될 것이다.

사회생활을 하는 동안 우리들이 하는 말이나 이야기는 무감각하고 공허하다. 또 생명이 없는 인형과 같고 가치 없는 부스러기와 같다. 그 말들은 내면의 삶이나 의미가 결여되어 있기 때문이다. 그 말들은 실체나 본질이 없기 때문에 나쁜 영혼에서 나온 말이다.

우리 주위의 모든 것들은 죽어 있고 둔하다. 사물들은 그저 재료일 뿐이다. 사물들의 활기를 갖게 하는 대신에 우리를 망가뜨린다. 사물의 생과 의미를 말해 주는 어른이 없기 때문이다.

우리는 우리가 하는 이야기의 의미를 느끼지 못한다. 지각이나 생산적인 노력에 바탕을 두지 않고 암기한 지식이기 때문이다. 그러므로 이런 이야기는 생명으로부터 나온 것도 또 나올 수도 없기 때문에 지각이나 생산, 삶으로 이어지지 않는다.

우리들이 하는 이야기는 우리가 배운 책을 세 번, 네 번 계속해서 보는 것과 같다. 우리는 우리 자신이 말한 것을 외적으로 형상화할 수 없기 때문에 무엇을 말하고 있는지 알지 못한다. 그러므로 우리들이 하는 이야기는 공허하고 의미가 없다. 이러한 이유로 인해 우리의 내면적·외면적 삶과 우리 자녀들의 삶이 그토록 형편없는 것이다. 또한 우리들의 이야기나 말은 삶으로부터 비롯되지 않았고 내면적으로나 외면적으로 풍요롭지 않기 때문에, 또 직접 보고 행동해 본 것이 아니며 사물을 있는 그대로의 상태에서 관찰한 것에 기초한 것이 아니기 때문에 빈약하고 형편없다. 그러므로 우리는 소리는 듣지만 상(像)은 떠올릴 수 없고, 시끄러운 소음은 듣지만 움직임을 볼 수 없다.

프뢰벨의 인간의 교육

42
우리 아이들과 함께 생활하자

아버지들이여, 어머니들이여, 우리 아이들이 이와 비슷한 결손으로 고통받지 않는지 주의해 보자. 우리는 더 이상 활력과 창의력이 없어 아이들의 생활에 나쁜 영향을 미치지 말자. 우리 모두 활력과 창의력을 되찾자.

자, 우리 아이들과 함께 생활하자. 그러면 아이들의 삶이 우리에게 평화와 기쁨을 가져다 줄 것이다. 그러면 우리도 지혜롭게 될 것이다.

43
언어의 필요성, 내적 통합의 중요성

지금까지 이야기했던 인간 발달을 요약하면 유아는 외부세계의 사물들과 언어를 구분하지 못한다. 말과 사물이 하나라고 생각한다. 유아기는 대화 능력이 생기기 이전의 시기이다.

그러므로 이 시기의 아이들이 하는 모든 행동은 그것이 무엇이든지 단어로 분명하고 확실하게 말해 주어야 한다. 사실 모든 사물, 모든 물건은 단어로 이야기할 수 있을 때 실존하게 된다. 눈으로 사

II. 유아기의 인간

물을 보는 것 같지만 아이가 그 사물의 이름을 명명하기 전에는 아이에게 그 사물은 존재하지 않는다. 사물의 이름은 아이들에게 그 사물을 있는 그대로 다시 보게 한다. 그러므로 이름과 사물은 척수와 늑골, 나무와 가지처럼 하나로 보인다. 아이들이 사물과 이름을 하나로 보고, 이와 마찬가지로 사람과도 하나인 것처럼 보는 데도 불구하고 교육자는 이 사실을 너무 강조하지 않아야 한다. 너무 세심하게 생각하지 말아야 한다. 인간 발달 시기 중 유아기 아이는 모든 사물이 서로 확연하게 구분되어 있는 것으로 보므로 개별 사물과 그 모든 것이 유기적으로 연결된 것으로 생각하지 않기 때문이다. 인간과 사물의 운명은 전적으로 다른 방향으로 간다. 인간은 하나하나의 사물을 분리되지 않는 전체로 보는 동시에 공통의 목적을 수행하기 위해 그 나름대로 어떤 부분을 구성하고 있는 물체로 보아야 한다. 인간은 하나의 사물을 독립된 전체, 즉 독립된 개체로 보는 동시에 높은 차원의 공통 목적을 수행하려는 보다 크고 높은 전체의 일부임을 알아야 한다. 개개의 사물에 대해 인간은 사물의 외적 조건과 부수적인 것에 대해 알아야 할 뿐 아니라 사물과 사물 간의 내적 관계성, 사물과 사물을 있게 한 위대한 그 무엇과 통합되어 있는 내적 관계도 알아야만 한다.

44
자기 이해의 어려움, 아동기로의 전환

    인간을 둘러싸고 있는 외부환경을 우리는 통합적으로 알 수 없다. 인간은 개개 사물의 특성, 개별성, 구체적인 본질에 대해 알 수 있을 때에만 그 통합성을 알 수 있다.

    하나의 사물이 내적 또는 외적으로 자신에게 너무 가까이 다가오면 인간은 그 사물의 내적 본질을 깨닫기 힘들다. 사물이 내적 · 외적으로 지나치게 가까이 오면 올수록 힘든 정도는 더 심해진다. 가족 구성원인 부모나 자녀 사이에 이해 못하는 상황이 자주 발생하는 것은 이런 사실을 분명히 증명해 준다. 이와 똑같은 이유로 인간은 자기 자신을 아는 일이 힘들다. 다른 한편 물리적으로 일시 떨어지는 것은 종종 내적 통일성, 내적 인식, 감사하는 마음을 가져온다. 아, 바로 이러한 점 때문에 인간은 자기 이외의 것들, 즉 다양한 사물들, 다양한 시대에 일어난 일, 다른 사람에 대해 자신보다 더 많이 안다. 만일 인간이 자기 자신을 진정으로 알고자 한다면, 그는 자기 자신을 바깥으로 내보여야 하고, 자기 자신 그대로의 상태를 직면해서 보아야 한다. 만일 인간이 자신의 운명에 승복한다면 그는 자신을 둘러싸고 있는 환경에 놓여 있는 하나하나의 사물을 진지하고 깊게 알아야 한다. 만일 하나하나의 사물에 대한 지식에 힘입어 인간이 자기 자신을 진지하고 깊이 있게 알고자 한다면, 먼저 인간과 사물을 통합하는 유아기를 충분히 보아야 한다. 유아기 이후 아이들은 외적으로는 인간과 사물이 분리되어 있는 것처럼 보이지만 실은 내적으로 통합을 이루고 있다는 것을 알 수 있는 아동기를 충실히 지나가야 한다.

아동기 아이들은 마음속으로 사물의 이름과 사물을 분리해서 따로 생각하면서도 이 둘이 서로 통합되어 있다는 것을 안다. 아동기 다음에 오는 단계에 언어는 완전히 독립된 존재로 기능하는 것으로 보기 시작한다.

인간이 사물을 언어로부터 분리하고, 언어를 사물과 분리하며, 말하는 내용과 말하는 사람을 분리해서, 또 그 반대인 상황을 알 수 있게 되며, 인간은 언어 그 자체를 외형화할 수 있다. 다시 말해서 언어로 상징적인 것을 표현할 수 있고 글을 쓸 수 있게 된다. 물리적인 것을 다루는 유아기를 떠나 인간은 추상적인 것을 다루기 시작하는 아동기로 들어간다.

III

아동기의 인간

아동기 이전 인간 발달시기인 유아기에는 내적인 것을 외적인 것으로 변환시키며 생존을 위해 주로 생활한다. 반면, 아동기는 외적인 것을 내적으로 만들어 내는 학습의 시기라고 확실히 말할 수 있다.

영아기에 부모나 교육자는 대부분 아기를 돌보는 데 힘쓴다. 다음 유아기에는 아이를 하나의 단일 개체로 여기고, 전인으로 성장시키기 위해 훈련하는 것이 보통이다. 아동기는 인간이 특정한 관계성과 개별 사물과의 관계를 이해하도록 이끄는데, 후에 인간으로 하여금 그들 자신의 내적 조화를 발견할 수 있도록 하기 위함이다. 이러는 동안 내적 성향, 개별 사물, 상황 간의 관계성이 추구되고, 또 형성된다.

내적 태도와 관계 안에서 개개의 특정한 사물에 대해 생각하고 취급하는 방법은 교육의 본질적 과업을 정해 준다. 따라서 아동기는 교육이 가장 중요한 시기이다. 이 시기의 교육은 인간의 본성에 따르기보다는, 물체의 본성에 근거하여 교육해야 한다는 고정 불변의 법칙이 있다. 인간과 물체는 동일한 법칙의 영향을 받는다. 이 보편적이고 영원한 법칙을 인간의 독자적인 방법으로 교육하기보다는, 각각의 외부 사물이 나타내는 특정한 표현 또는 인간과 사물 둘 다에게 동시적으로 표현되는 방법으로 교육해야 한다. 그래야 교육은 바깥 세상에 존재하는 객관적이고 명확한 상황에 따라 수행된다. 외부 상황에 대한 지식을 갖고 통찰하며 의식적이고 종합적으로 연구하는 것이 교육이다.

넓은 의미에서 이러한 과정은 학교에서 이루어진다. 그리고 학교는 외적인 세계에 존재하는 독특한 법칙 및 보편적인 법칙들과 조화를 이루어 가면서, 인간으로 하여금 외적인 세계와 그것의 본질에 대한 지식을 터득하게 한다. 또 학교는 외적이고, 개별적이며, 특정한 지식을 제시함으로써, 내적이고, 조화로우며, 보편적인 법칙에 대한 지식도 획득하게 안내한다. 그러므로 인간은 아동기에 들어서는 그 순간에 학생이 된다. 이 기간에 아동은 아버지에 의해, 가족에 의해, 선생님에 의해 가르침을 받는다. 그러므로 집이 학교가 될 수 있고, 세상이 학교가 되기도 한다. 여기에서 학교라는 의미는 교실만을 뜻하지도 않고, 학교 경영이라는 의미도 아니다. 학교란 목적이 분명하고, 내적 연결이 확실히 이루어지며, 지식에 대한 의사소통 과정이 의식적으로 일어나는 곳을 의미한다.

46
학교 교육의 목표

모든 측면에서 계속 나타나는 인간의 발달 양상은 인간의 숙명을 달성하고, 소명을 성취하기 위해 끊임없이 진보해 나가며, 점차적으로 단계를 향상시키는 모습이다.

온전한 전체를 구성하기 위해서이다. 영아기 때 생겨난 유대감은 아이의 욕구와 기질이 된다. 이것들은 성향과 감정을 형성하며, 아동의 입장에서는 지성과 의지를 불러일으킨다.

학교를 만드는 가장 큰 관심이자 주된 목적은 아동을 지도하고 교육하여 그들이 순순한 인간으로 삶을 살겠다는 의지를 확고하게 하고, 이를 빠른 시일 안에 성취하는 것이며, 그 의지를 순수하고, 강하며, 영구적인 것으로 만드는 것이다.

47
유아기에 근거한 아동기의 발달

의지는 정신활동이다. 또한 의지는 대체적으로 인간 본성과 조화를 이루며 확실한 지점에서 시작하여, 확실한 방향으로, 확실한 목적을 향해 의식적으로 나아간다.

이 말은 모든 것을 담고 있다. 이것은 모든 부모, 교육자, 교사, 학교가 이 기간 동안 아동에게 모범을 보여야 한다는 것을 의미한다.

아동에게 모든 정신활동의 출발점은 활기 넘치고 건전한 것이어야 한다. 또한 정신활동이 흘러나오는 근원은 순수하고 깨끗할 뿐 아니라 끊임없이 흘러나오는 것이어야 하며, 그것의 방향은 단순하면서도 명확해야 한다. 정신활동의 목적은 고정불변하고 명확하

III. 아동기의 인간

며, 살아 있고, 생명을 주고, 기를 북돋아 주는 것이어야 한다. 또한 그 목적은 노력할 가치가 있고, 인간의 운명과 소명으로서의 가치가 있으며, 아동의 본성으로서의 가치가 있어야 한다. 그리하여 정신활동을 계발시켜 충분히 발현시킬 수 있어야 한다.

아동이 의지를 갖고 하는 활동이 확고하게 수행될 수 있도록 하려면, 모든 활동을 자기 의지로 할 수 있어야 하고, 아동의 발달, 잠재력 계발, 자기표현과 연관이 있어야 한다. 실례를 보여 주며 말로 가르치는 것은 후에 아동에게 교훈과 경험이 되고, 이것에 대한 의미를 부여한다. 단, 구체적 사례만 보여 주거나 말로만 가르쳐서는 안 된다. 왜냐하면 실례는 매우 개별적으로 특별하므로 어느 특정 사례를 일반적 상황에 적용할 수 있도록 할 필요가 있기 때문이다. 또한 언어만으로 가르쳐서는 안 되는데, 그 이유는 아이가 일반적이고 추상적인 언어를 해석하고 설명하며 다양한 의미가 담긴 언어로 해석할 수 있으려면 구체적 경험이 필요하기 때문이다. 언어만으로 가르치거나 경험만 하게 하는 것은 효과가 없다. 교육과 경험은 선함, 순수한 마음과 만나야만 한다. 이 만남은 유아기에 적절한 교육을 하면 가능하다. 그러므로 아동기의 교육은 절대적으로 유아기의 경험에 따라 달라진다. 또한 활동이나 확고한 의지는 견고한 감정과 안전성에 달려 있다. 감정이 부족한 곳에서는 의지를 키울 수 없기 때문이다.

48

가족의 중요성

유아의 순수함, 선함, 사려 깊음, 온화한 공감 능력은 그 자체가 조화로운 상태로 존재한다. 따라서 그들이 무언가 표현하는 것은 유아 자신을 둘러싸고 있는 환경으로부터 분리되어 존재하는 많은 것들로부터 그들 스스로의 느낌, 정신적 유대감, 법칙 등과 내적 조화를 발견해 내려는 집요하고 강렬한 열망이다. 이러한 유대감과 법칙에 의해서 유아들은 적어도 삶의 의미와 살아가는 의미를 알 수 있다.

이제, 유아기 동안의 이러한 열망은 놀이를 활발히 하며 온전한 즐거움을 느낄 때 만족되는 것이 사실이다. 유아기 동안 놀이를 함으로써 인간은 모든 사물의 중심에 놓이게 되며, 모든 사물은 유아 자신 및 유아의 생활과 관계를 맺는 것으로 보인다. 그러나 무엇보다도 이러한 열망을 완전히 만족시킬 수 있는 것은 가족과의 생활이다. 가족과의 생활만이 선한 마음, 사려 깊고 온화한 기질을 확실하고 생동감 있게 발달시키고 계발시켜 준다. 그래서 인간 성장의 모든 시기 중 유아기는 인간 전체 삶에 있어서 그 어느 시기에 견줄 수 없을 만큼 중요한 시기이다.

조화로움을 추구하는 열망은 순수한 인간 발달 및 계발의 기초이며 가족생활의 모든 면이 유아기에 나타나기 때문에 가족생활을 통해 모든 것을 바라보아야 한다. 그러므로 인성교육은 모든 현상이 나타나는 유아기 때 해야 한다.

따라서 유아에게 있어 가족과의 생활은 그 자체가 외부환경이고 삶의 유형이다. 부모들은 이러한 사실을 깊이 생각해야 한다. 다시 말하지만, 부모들은 유아기 아이들이 생활 중에 삶의 유형을 순수하고 조화롭게 효율적으로 나타내고, 사물을 본다는 사실을 알아야 한다.

49
놀이에서 작업으로의 전환

유아는 부모나 가족들이 일하고, 생산하고, 무언가를 하는 것을 보게 된다. 동시에 유아는 다른 어른들이 살아가는 모습과 가족의 주 관심사도 눈여겨본다. 결과적으로 이 시기 유아는 자신이 본 것을 표현하고 싶어 한다. 유아는 부모나 다른 어른들이 일할 때 하는 행동, 보여 주는 능력, 기술 모두를 표현하고 싶어 한다. 그리고 그렇게 하려고 노력한다.

유아기 아이들은 오직 활동 그 자체만을 위해서 놀지만 아동기에는 활동의 결과나 성과물을 위해서 무언가를 한다. 활동에 대한 유아의 본능은 아동기에 이르러서는 성취 본능으로 바뀌어 아동이 세상에서 하는 모든 외적 삶을 지배한다. 이는 아동기의 두드러진 특징이기도 하다(§23 참조).

프뢰벨의 인간의 교육

실질적으로 쉽지 않을 뿐 아니라 체력과 노동이 요구되는 어려운 일인데도 이 연령의 아동들이 아버지나 어머니를 도와 아주 활기차게 열심히 일하는 것을 볼 수 있지 않은가!

오, 부모들이여, 이 시기에 부디 주의하고, 조심하고, 신중하라!

만약 어른들이 이 시기 아이들이 도와주려 할 때 이를 유치하고, 쓸모없고, 불필요하고, 방해된다는 이유로 거절한다면 아동의 활동을 통한 성취 본능을 단숨에 무너뜨릴 수 있다. 무너뜨리지 않는다 해도 오랜 기간 동안 상처를 줄 수 있다.

어른들이 하는 일이 아무리 중요하다 해도 아동에게 "저리 가, 너는 나를 방해할 뿐이야." 또는 "바쁘니까, 그만 저리로 가."라고 이야기하고 싶은 마음을 표현하지 말라.

거부당한 아이들은 자신의 내적 에너지의 흐름으로 혼란스러워진다. 아이들은 자신이 친밀하게 연합되어 있다고 느꼈던 모든 것으로부터 단절된 자신을 본다. 그들의 내면적 힘이 계속 올라오지만 아무의 도움도 못 받으며 자신이 홀로임을 본다. 그리고 용솟음치는 힘을 가지고 무엇을 할지 모른다. 용솟음치는 내적 힘이 아이들에게 짐이 되어 아이들은 화를 잘 내거나 게을러진다.

이러한 식의 거절이 전체 3분의 1정도만 되어도, 아동은 일을 돕거나 함께 하겠다고 다시 제안하는 것을 꺼릴 것이다. 아이는 부모들이 자기와 함께 할 수 있는 일인데도 부모 혼자서만 하는 것을 보면, 분노하거나 아예 일을 하려 들지 않게 된다. 이런 아이를 둔 부모들이 나중에 아이가 성장한 후 다음과 같이 불평하는 것을 누구나 듣게 될 것이다. "우리 아이가 어려서 도울 수 없을 때는 무엇이

III. 아동기의 인간

든지 돕겠다고 달려들더니, 이제 무언가 좀 알게 되고 그럴 만큼 힘도 세졌는데, 아무 일도 하지 않으려고 하니 어찌 된 일인가요?"

당연한 일이다! 무의식적이고, 인식되지 않은 채로, 인간에게 작용되는 영적 법칙의 본질과 조화를 이루며 활동하려는 초기 욕구 및 성취 본능은 인간 자신의 어떠한 노력 없이, 심지어 인간의 의지와 관계없이 나타난다. 심지어는 성장한 이후의 삶에서도 나타날 수 있다. 만약 아동기 때, 이런 인간의 성취 지향적 내적 욕구가 외부세계의 장애물을 만난다면 특히 부모의 의지와 갈등을 일으키면 아동의 내적 힘은 약해진다. 이런 장애가 계속 반복되면 아동의 내적 힘은 전적으로 활동하지 않는 상태로 바뀌게 된다.

아동은 자신의 행동이 제재를 당할 때 왜 부모가 그의 도움을 필요로 하지 않았었는지 그 이유에 대해서는 생각하지 않을 것이다. 아동은 어떤 것이 자신의 신체적 성향에 더 맞는지를 선택한다. 부모가 아이에게 무언가를 시키면 아이는 이를 의무로 느끼기 때문에 쉽게, 의도적으로 그 일을 안 하고 싶어 한다.

그러면 아이는 점점 나태해진다. 아동의 육체에 영혼과 생명력을 불어넣는 일이 멈춰짐으로써 아이의 몸은 허약해져, 마치 몸을 짐짝처럼 느끼게 될 것이다. 그에 반하여 감각적인 힘은 아이에게 넘쳐 그의 육체와 생명력을 느끼게 하는 강력한 원천이 된다.

그러므로 부모들이여, 자녀들이 부모의 일을 돕는 성실한 아이로 자라나기를 원한다면, 유아기에 활동 본능이 충분히 피어나도록 양육하라. 또 아동기에는 부모가 좀 힘들고 희생이 되더라도 아이의 성취 본능이 적절히 형성되도록 하여야 할 것이다. 그러면 좋은 땅에 심은 밀알이 열매 맺는 것처럼 수백 배의 열매를 맺을 것이다.

이러한 본능을 강하게 하고 발달시켜라. 아이가 현재 필요로 하는 것에 최우선 순위를 두어라. 아이를 양육할 때 아이의 잠재 능력이 활용되도록 하라. 특히 당신의 분신인 아이에게 친절히 대하라. 그러면 유아는 자신의 잠재 능력을 인식하게 될 뿐 아니라 자기 능력의 한계를 인정하는 것도 배우게 된다.

만일 유아기 때 아이가 가정생활의 이모저모를 모방하며 활동하였다면, 아동기의 아이들은 들어올리기, 당기기, 옮기기, 땅 파기, 나무토막 쪼개기 등 집안일을 함께하며 활동한다. 아이들은 모든 일에 자신의 힘을 사용해 보길 원한다. 그렇게 함으로써 그의 신체는 튼튼하게 성장할 수 있고, 그의 힘은 증가된다. 아이는 자신이 갖고 있는 능력의 가치를 아는지도 모른다. 아들은 그의 아버지가 가는 곳 어디든지 동행한다. 들판으로, 정원으로, 가게로, 회계사무소로, 숲으로 또 초원으로, 가축을 돌보거나 집에서 쓸 가구 등 작은 물건을 만드는 것을 돕는 일을 하며 장작 패기, 톱질하기, 나무 쌓기 등 아버지가 하는 일이나 도움이 필요한 모든 일을 하며 따라 다닌다. 알고자 하는 욕구로 인해 아동의 입술에서는 끊임없이 질문이 이어진다. "어떻게? 왜? 언제? 무엇 때문에? 무엇이지요?" 그리고 이러한 질문을 만족스럽게 해 주는 대답은 아동에게 새로운 세상을 열어 준다. 언어는 아이에게 모든 곳에서 독립적인 형태로 배우게 해 주고, 아이와 바깥세상을 연결해 주는 중재자로서 다가온다.

이 발달 단계의 건강한 아동은 꾸밈없이 자연스럽게 양육되며,

III. 아동기의 인간

장애물이나 어려움을 피하지 않는다. 오히려 건강한 아동은 그것을 추구하고, 또 극복한다.

"그냥 놔두세요." 아이에게 방해가 된다고 생각하고 나뭇조각 하나를 치우려 하는 아버지에게 활기찬 목소리로 아이가 소리친다. "그걸 그냥 놔두세요, 제가 할 수 있어요." 그 아동이 처음엔 정말 어렵게 그 일을 해낸다. 하지만 곧 아이는 혼자 힘으로 그 일을 해낸다. 힘과 용기가 아이 내면에서 자라난 것이다. 아이가 다시 그런 상황에 직면하게 되면, 두 번째에는 장애물을 극복하고, 그 문제를 쉽게 처리하는 방법을 배운다. 만약 먼저 활동할 때 아동이 기쁨을 느꼈다면, 그 작업은 이번에도 아동에게 즐거움을 줄 것이다. 그러므로 아동기에는 동굴이나 계곡의 탐험, 나무나 산 오르기, 높은 곳이나 깊은 곳 수색하기, 들판이나 숲속을 뛰어다니기와 같은 대담하고 모험이 가능한 활동이 필요하다.

가장 어려운 것이 쉬운 것처럼 보이며, 가장 용기를 내야 하는 활동들이 그 아동에게는 위험하지 않은 것처럼 여겨지는데, 이런 충동은 아이의 내면 가장 깊숙한 마음속에서 오며 강한 의지에서 비롯된다.

그러나 열망만으로는 이 연령대의 아동을 자극하여 위험수위가 높든 낮든 다양한 모험을 하고 싶게 만들지 않으며 능력을 쓰게 만들지도 못한다. 가장 깊숙한 아동 내면의 삶이 개화될 때 나타나는 특성 및 요구, 즉 사물의 다양성을 통제하려는 열망이 모험을 가능하게 한다. 개개의 사물을 전체적 맥락에서 바라보는 것, 특히 잘 모르는 것을 친숙한 것으로 만드는 것, 외부세계에 존재하는 다양성, 통일성을 있는 그대로 이해하는 것이 된다. 자신의 시야를 착실히 넓혀가고자 하는 아동의 열망 때문에 가능한 것이다.

새로 보는 나무에 오르는 것은 아이로 하여금 새로운 세상을 발견하게 한다. 위에서 바라보는 경치는 모든 사물을 측면에서 바라보는 왜곡된 일상모습과 사뭇 다르게 보여 준다. 나무 위에 올라간 아이의 발 아래 있는 모든 것들은 얼마나 명료하고 뚜렷한가! 아동기에 우리의 시야가 확장되던 그 순간에 주변에 대한 편협한 한계성이 사라지면서 우리 마음과 영혼을 가득 채우던 어떤 느낌을 회상해 낼 수 있지 않은가! 우리는 그 순간 아이에게 "내려와, 떨어질지도 몰라."라고 소리를 질러서는 안 된다.

혼자 걷고 서 봄으로써 우리가 걷고 서는 것을 배운 것이 아니다. 걷고 서는 것, 앉고 기는 것 때문에 우리가 떨어지지 않게 되는 것이 아니다. 주변 환경을 잘 살펴보는 능력이 생겼기 때문에 할 수 있게 되는 것이다. 위에서 내려다볼 때, 가장 평범한 것들이 얼마나 다르게 보이는가! 아이들이 어린 시절에 지성과 감성을 고양시킬 수 있도록 배려하는 것이 우리의 의무이자, 직무가 되어야 하지 않겠는가? 아이들이 견해의 폭을 넓힘으로써 감성과 지성을 확장시키도록 해야 하지 않겠는가?

"그러나 아이들이 번잡스러워질 거예요. 그러면 나는 아이에 대한 걱정 때문에 편한 날이 없을 걸요."라며 어른들이 이의를 제기할지도 모른다. 유아기부터 자신의 능력을 순조롭고 꾸준하게 발달시킨 아이는 전에 시도할 때 썼던 힘의 양보다 더 많이 힘을 필요로 하지 않을 것이다. 그래서 아이는 모든 이러한 위험들을 마치 훌륭한 천재에 의해 안내받는 것처럼 수월하게 극복해 나간다. 반면에 자신의 힘도 모르고 해야 할 일의 어려운 정도도 전혀 모르는 아이는, 그의 기술과 능력에 비해 과분한 것들을 시도하려고 하다가 가장 수줍은 아이도 안전하다고 생각되는 곳에서 위험을 당한다.

아주 무모한 아동들은 자신의 힘을 사용해 볼 기회가 주어질 때, 지속적으로 힘을 연마하지 않고, 갑작스럽게 힘을 쓴다. 만약 누군가 눈여겨 지켜본다면, 이런 아이들은 쉽게 위험에 빠진다.

아이들의 발달 특징에 동굴이나 골짜기 같은 곳을 탐색하고 그늘진 작은 숲이나 어두운 숲속에서 돌아다니려는 성향이 있다는 것은 중요하다. 그것은 새로운 것을 찾아내고 싶은 바람이고, 숨어 있는 어떤 것들을 발견하고 싶은 욕구인 것이다. 즉, 어둠과 그림자 속에 숨겨진 것에 빛을 비추고 적절함을 부여하기 위한 욕구인 것이다.

아이들은 이렇게 뭔가를 찾아다니다가, 알지 못했던 돌멩이들, 식물들, 어둠 속에 숨어 사는 지렁이나 딱정벌레, 거미, 도마뱀 등의 동물들과 같은 값진 보물들을 가지고 돌아온다. 어른들은 아이와 함께 "이게 뭐야? 이거 이름이 뭐야?" 등의 질문을 주고받게 될 것이다. 이때 모든 새로운 단어들이 아이의 세계를 풍요롭게 하고, 아이의 주변 환경에 빛을 던져 준다. 그럴 때에 "무슨 꼴이야, 던져 버려. 어머나, 끔찍해라!" 또는 "그거 바닥에 던져 버려, 그게 널 물지도 몰라."라고 호들갑을 떨며 아이를 막으려 하지 말라. 만약 그 아이가 그 어른의 말에 따른다면, 아이는 상당 부분 자신의 내적 힘을 던져 버리는 것과 같다. 시간이 흘러 이제 그 아이에게 상식과 이유를 들면서 "봐라, 이건 해를 주는 동물이야."라고 말한다면, 아이는 다른 곳으로 눈을 돌리며 관심을 잃게 될 것이다. 동시에 아이가 얻을 수 있었던 많은 지식들도 사라지게 될 것이다. 여섯 살도 안 된 어린 아이가 얻을 수 있었던 많은 지식들도 사라지게 될 것이다. 반면에 여섯 살도 안 된 어린 아이가 딱정벌레의 생김새에 관심을 보이고 특히 그 벌레가 팔다리를 어떻게 사용하는지 물을 수도 있다. 그런 것들은 지금까지 어른들이 인식하지 못한 채 지내 왔던 문제들이었다. 물론 아이에게 모르는 생명체를 만질 때 조심할 것을 당부하는 것은 좋지만, 아이를 소심하고 겁 많게 만드는 방법으로 해서는 안 된다.

그러나 아동기의 활기찬 아이가 항상 높은 곳이나 깊은 곳으로만 가려는 것은 아니다. 산이나 계곡에서 무엇인가를 알아내려는 아동의 욕구는 아이를 다시 평원으로 향하게 하고 그곳에 오래 머물게 한다. 아이는 여기서 아버지가 쳐 놓은 울타리 밑에 자기의 울타리를 쳐서 작은 정원을 가꾸어 나간다. 밭고랑과 도랑 사이에 강도 만든다. 아이는 작은 물레방아로부터 떨어지는 물의 낙차와 압력에 대해 연구한다. 아이는 흙으로 막아놓은 작은 연못에 나뭇조각이나 나무껍질이 떠다니는 것을 관찰한다. 아이는 특히 맑고 생동감 있게 흐르는 물에서 놀기를 좋아한다. 그리고 그 속에서 마치 거울에 비친 자기 영혼의 상을 보듯이 자신을 알기 위해 탐구한다. 같은 이유에서 아동은 마음대로 형태를 만들 수 있는 물질인 모래나 진흙으로 노는 것을 좋아한다. 말하자면 이제 이런 일은, 항상 그랬지만 아이에게 삶의 요소이다. 활동하며 자신의 능력에 대해

감을 잡은 아이는 이제 자료를 숙련되게 다루고 통제할 수 있는 방법을 찾는다. 모든 것은 아동이 본능 앞에 놓여야만 한다. 아동이 쌓아올린 흙무더기 안에는 지하실과 동굴이 만들어지고 그 위에는 정원과 벤치가 세워질 것이다.

나무판자, 나뭇가지, 나뭇조각, 나무기둥들은 오두막이나 집이 된다. 쌓여 있는 깨끗한 눈은 요새의 성벽과 제방이 된다. 그리고 언덕 위에 있는 거친 돌들은 쌓여 성벽이 된다. 이러한 모든 것은 아동기의 영혼과 성향 안에, 통일성과 동화의 정신 및 성향 안에 쌓인다.

일곱 살이 채 안 된 두 소년이 서로 팔짱을 낀 채, 친하고 다정한 모습으로 이야기하면서 정원을 가로질러 가고 있다. 그 아이들은 뒤쪽 언덕 위, 어둡고 작은 숲속에 테이블과 벤치가 있는 오두막을 짓는 데 필요한 연장들을 가지러 가는 길이다. 오두막에서 내다보면 전체 계곡이 한눈에 들어온다. 계곡 전경은 아름다운 조화를 이루고 있다.

이렇게 통일성이 있는 동시에 스스로 존재하는 정신은 변형되어 특성, 요구, 내면의 상태가 다르게 보이는 모든 것들을 가까이 모아 하나가 되게 한다. 작은 돌들과 인간이 같은 목적, 같은 노력으로 조화로운 하나가 되게 한다. 곧 각자는 자신을 위해 자기 세계를 만들어 나간다. 자신의 능력에 대한 느낌은 곧 자기 자신의 공간을 갖고자 할 것으로 자기에게만 속해 있는 물건을 원하게 만든다.

아이 자신의 영역, 구역, 땅이 되게 하라. 정원, 집, 방의 한 구석이 상자, 포장박스 혹은 옷장 안의 공간이 그렇게 되게 하라. 동굴,

오두막, 정원의 공간도 그렇게 되게 하라. 인간은, 아니 이 연령의 아동은, 가능하다면 자신이 온갖 활동을 해 볼 수 있는, 자기가 선택하고 준비하는 어떤 곳이 필요하다.

가득 채울 수 있도록 방이 넓을 때, 통제할 영역이 클 때, 또 표현되고 생산될 것들이 복잡할 때, 비슷한 성향의 사람들이 친밀하게 그곳에 모인다.

또한 비슷한 성향의 사람들이 비슷하게 노력하고, 그들의 마음이 서로 통하게 되면, 이미 시작된 일이 확장된다. 또 어느 한 사람이 시작한 일은 공동의 일이 된다.

오, 부모 및 교육자들이여, 7~8세 정도 된 아동 8명이 있는 교실에 대해 내가 말하고자 하는 바를 모형이나 그림으로 본다고 생각하라.

자주 사용하는 방의 넓은 테이블에 각 옆면이 실제 벽돌 크기의 약 6분의 1쯤 되는 쌓기 블록이 들어 있는 상자가 놓여 있다. 이 벽돌은 표상하게 하려는 목적으로 아동에게 줄 수 있는 가장 훌륭하고 다양한 재료이다. 모래나 톱밥 역시 교실 안에 있으며, 녹색 이끼도 아름다운 소나무 숲으로 산책 갔을 때 충분히 가져왔다.

쉬는 시간에 아이들은 각자 자신이 하고 싶은 작업을 시작한다. 한쪽 모퉁이에서는 자그마하고 조용한 남자아이가 만든 교회가 그 건물의 성격을 보여 주는 십자가와 제단을 갖추고 세워져 있다. 저쪽에는 두 명의 남자아이가 서로 협력하여 의자 위에서 대단히 큰 작품을 만들고 있다. 그것은 여러 층의 건물인데 산에서 계곡을 내려다보듯 의자에서 내려다보는 성을 만들려고 하는 것 같다. 저기

III. 아동기의 인간

저 아이는 책상에서 조용히 무엇을 만들고 있는 것일까? 아이는 낡고 폐허가 된 성이 있는 푸른 언덕을 만들고 있다. 그동안 다른 아이들은 아래쪽 평평한 곳에 마을을 세우고 있다.

지금 막 아이들은 각자의 작업을 마치고 자신이 만든 것과 다른 아이들이 만든 것을 살피고 있다. 아이들은 이것들을 합쳐서 전체적으로 연결된 하나의 작품으로 만들고 싶은 열망을 갖게 되었다. 그리고 이러한 열망이 모두가 원하는 것이라는 것을 알게 되자 바로 마을에서 폐허가 된 성으로, 성에서 교회로 이어지는 길을 만들고 이것들 사이에 목장과 시내를 꾸몄다.

다른 때에는 몇몇 아이들이 진흙으로 어떤 정경을 만들고 어떤 아이들은 두꺼운 종이로 문과 창문이 있는 집을 짓고, 또 다른 아이는 열매껍질로 작은 배를 만든다. 아이들은 각자 자신이 만든 것을 살펴본다. 그것은 아주 잘 만든 것이지만 쓸쓸하게 세워져 있다. 아이는 친구들이 만든 것을 살펴보고 이것들을 합친다면 더 좋아질 것이라고 생각한다. 곧 모두는 기꺼이 집을 성처럼 언덕 꼭대기에 놓고 작은 배는 아담하게 만든 호수에 띄운다. 제일 어린아이는 양과 양치기 모양의 놀잇감을 가져와 산과 호수를 바라보게 놓는다. 아이들은 자신들이 만든 것에 대해 기쁨과 만족을 느끼며 서 있다.

저쪽 개울가에 있는 좀 더 큰 아이들은 왜 또 저렇게 바쁘고 시끄러운가! 아이들은 제각기 운하와 수문, 교량과 항구, 댐과 제분소를 만들기에 여념이 없다. 그러나 물의 성질을 이용하여 배를 높은 곳에서 낮은 곳으로 가게 하는 등 아이들의 작업이 점차 진행될수록

프뢰벨의 인간의 교육

다른 친구의 영역으로 들어가게 된다. 아이들은 각자 작품을 만든 사람으로서의 권리를 주장하는 동시에 다른 친구의 주장도 인정한다. 이 아이들을 중재할 수 있는 것은 무엇일까? 아이들은 마치 국가들이 하는 것처럼 약속을 엄격히 만들어 계약을 맺는다. 아이들이 하는 이런 놀이의 다양한 의미와 결과를 누가 알아낼 수 있을까? 두 가지는 확실히 입증할 수 있다. 첫째, 이런 놀이는 같은 근원에서 비롯되었고 아동기의 정신도 같다는 것이다. 둘째, 놀이를 하는 아이들은 선하고 지적이며, 쉽게 배우고 쉽게 관찰하며 실천력이 빠르고 부지런하고 성실하며, 사고력과 감성은 믿을 만하고, 유능하고 활발한 학생이 된다는 점이다. 그러므로 놀이를 하는 아이는 이미 유능한 사람일 뿐 아니라 앞으로 유능한 인물이 될 것이다.

특히 아동기의 아이들이 수확하기 위해 자신만의 텃밭을 가꾸는 일은 아주 유익한 일이다. 식물이 열매를 맺는 것은 절기의 법칙에 따라 결정되지만 이러한 일을 통해 사람은 자신의 노동으로 이런 과정을 처음 알게 되기 때문이다. 이 결실은 자연 발달의 내적 법칙에 따라 결정되는 것이지만 아이의 노동과 작업의 특징에 따라 여러 면에서 달라진다.

이러한 노동은 다양한 방법으로 자연과 더불어 사는 아이들의 삶, 즉 끊임없이 식물과 꽃을 관찰하고, 주의를 기울이며, 반복해서, 사려 깊게 자연을 알고자 하는 열망을 갖는 등 자연의 현상을 알고 싶어 하는 아이들의 호기심을 채워주고 만족시켜 준다. 자연 또한 이러한 마음가짐과 노동을 좋아하여 아이들에게 풍요로운 결실로 보상하는 것처럼 보인다. 왜냐하면 얼핏 아이들의 정원을 보면

III. 아동기의 인간

아이들이 조금만 돌보거나 주의를 기울여도 식물들은 언제나 눈에 띄게 잘 자라기 때문이다. 특히 아이들이 동정심을 갖고 특별히 정성을 들여 키우는 식물이나 꽃은 유별나게 싱싱하고 울창하다.

만일 아이들이 돌볼 수 있는 작은 텃밭이 없다면 잎과 꽃이 피는 흔히 볼 수 있는 식물을 두세 포기 심은 상자나 화분을 갖게 하는 것이 좋다. 이때 희귀한 식물이나 기르기 힘든 식물은 피한다.

아주 낮은 단계라 하더라도 생물을 기르거나 돌본 적이 있는 아이들은 훨씬 쉽게 자신의 삶을 돌보거나 지킬 수 있을 것이다. 또한 식물을 돌보는 동시에 식물 근처에서 찾아볼 수 있는 풍뎅이, 나비, 새 같은 다른 생물들을 관찰해 보고 싶은 욕구도 채울 수 있다.

그러나 이 시기 아이들의 놀이와 작업이 반드시 사물을 표현하는 것이라고는 할 수는 없다. 이에 비해 많은 것이 단지 능력을 시험해 보고 연습해 보는 것이고, 단순히 힘을 과시하려는 목적을 갖고 있다. 그럼에도 아동기의 놀이는 자체의 내적 생명력에 부응하는 독특한 특성을 가지고 있다. 아동기 이전 시기에 이루어진 놀이의 목적은 활동 그 자체에 있었지만 이제는 명확하고 의식적인 목적이 있다. 아동기의 목적은 사물을 표상하거나 활동으로 표상할 사물을 찾는 것이다. 이러한 특성은 아동의 연령이 증가할수록 자유로운 게임을 통해 더욱더 발달한다. 이러한 것은 신체적 움직임을 통한 게임, 예를 들어 달리기, 권투, 레슬링, 공을 이용한 게임, 경주하기, 사냥하기나 전쟁놀이 등과 같은 게임에서 관찰할 수 있다(§30 참조).

아이들이 이러한 게임을 하면서 자신의 능력을 펼쳤다는 만족감, 기쁨에 넘쳐 환호성을 지르는 만족감을 갖는 것은 개인적 또는 집단의 일원으로서 순수하고 확실한 힘을 느끼고 힘이 커지는 것을 느끼기 때문이다. 그러나 게임을 통해 길러지고 강화되는 것은 신체적인 힘만이 아니고 절제하는 가운데 지적이고 도덕적인 힘 또한 명확하고 꾸준하게 성장한다. 지적인 측면과 신체적인 측면의 이득이 비슷하다는 의미이다. 그러한 게임에 참여하고 있는 남자아이들을 가까이에서 본 사람이라면 정의, 절제, 자기조절, 정직, 성실, 형제애, 완전한 공평함 등과 같은 사회성이 자라는 것도 볼 수 있다. 상쾌한 마음과 확고한 의지를 보이는 모습을 어떻게 놓칠 수 있을까? 비록 효과는 적지만 게을러서 제멋대로 하는 성향을 열심히 고쳐 보려는 용기, 참을성, 결단, 신중함과 같은 아름다운 의지를 어찌 칭찬하지 않을 수 있는가? 삶의 신선함과 활기를 깊이 음미하고 싶은 사람은 아이들의 놀이터에 가 보아야 한다. 활기차게 달리는 말이 길에 있는 아이를 피해 가는 것처럼 생기가 넘치는 자유로운 소년이 아직도 향기가 나는 꽃을 보살핀다. 바이올렛이나 아네모네 같은 이런 섬세한 꽃들은 가냘픈 것에 대한 동정, 배려, 연민의 마음이다. 아직 게임에 익숙하지 않은 친구에 대한 공평함이기도 하다. 남자아이들의 교육에 있어 놀이터를 마지못해 참아내는 사람들은 모두 이러한 점을 깊이 생각하여야 한다. 정말 그곳에는 귀에 거슬리는 말이나 버릇없는 행동이 많지만 이런 것을 고치기에 앞서 소년의 잠재 능력에 대한 감각을 갖는 일이 선행되어야만 한다. 소년들의 눈과 감각은 예민하고, 명확하며, 통찰력이 있고 내적 의미를 인식한다. 그러므로 아이들은 판단력과 능력이 동등한 사람이나 적어도 동등하다고 주장하는 사람에게는 예리하

III. 아동기의 인간

고 단정적이 된다. 때에 따라서는 거칠고 엄중하기도 하다.

할 수 있다면 어느 동네나 남자아이들을 위해 공동 놀이터가 있어야 한다. 전체 지역사회를 위한 훌륭한 결과가 이곳에서 비롯될 것이다. 아동기의 게임은 항상 있는 일이므로 지역사회에 대한 느낌이나 욕구를 갖게 되고 지역사회의 규칙과 지역사회가 소년에게 요구하는 바를 알게 되기 때문이다.

소년들은 자신의 친구들 안에서 자신을 보고 느끼며, 친구들에 비추어 보면서 자신을 재어 보고 평가하며, 그들의 도움으로 자신을 인식하고 발견한다. 그러므로 게임은 소년들의 삶에 직접 영향을 주고, 시민의식과 도덕적 가치관에 영향을 준다.

하지만 계절이나 주변 환경이 항상 아이들로 하여금 집과 학교에서 해야 할 의무에서 벗어나 야외에서 자신의 능력을 연습하고 발달하게 하는 것은 아니다. 절대 아이가 빈둥거리며 게으르게 있도록 해서는 안 된다. 그러므로 다른 종류의 실외 작업과 실내 표상 활동을 마련해 주는 것은 이 시기 아동을 위한 활동 및 지도의 기본이다. 이는 이 시기의 아동에게 매우 중요하다. 특히 종이와 두꺼운 마분지로 하는 작업, 모양 만들기 같은 소위 기계적인 작업이 좋다(§22 참조).

그러나 인간에겐 여전히 다른 소망과 열망이 있어 바깥세상에서 하는 작업이나 활동만으로는 만족할 수 없는 영혼의 갈망이 있다. 세상에서 하는 작업이나 활동은 이 시기의 인간을 어떤 식으로든 만족시키지 못하며, 그의 본성에 적절한 교육적 요구나 필요도 충족시키지 못한다. 현재가 아무리 윤택하고 부유하더라도 아동을 만족시킬 수 없다.

현재 그 자체는 인간에게 과거의 존재를 가르쳐 준다. 이것 역시 그 아이가 존재하기 이전에 대해 무언가를 알려 준다. 그는 과거의 그 무엇이 현재를 있게 만들어 주었다는 것을 알 수 있을 것이다. 확실히 그는 과거로부터 물려받은 유산이 그 존재의 이유를 드러내어 그에게 과거에 대해 이야기해 주어야만 한다고 여길 것이다. 인간이라면 누구나 아동기가 훨씬 지난 후 낡은 벽, 탑, 건물의 잔재들, 낡은 건물들, 기념물들, 언덕 위와 길가의 기둥들을 보면서 다른 시대에 살던 사람들이 여러 가지 이유로 이것들을 만들었다는 이야기를 듣던 아동기의 감동을 떠올릴 것이다. 아니, 아동기에는 이러한 것들에 대해 모호하고 정확히 설명할 수 없지만 커서는 스스로 알아챌 수 있을 것이다.

만일, 아이보다 먼저 살았던 사람들(그의 연장자들)이 아니라면 그 누가 경험과 지식에 의해 판단하면서 아이에게 이런 설명들을 해 줄 수 있겠는가? 그리고 이 시기 아동들은 동화, 전설, 모든 종류의 이야기들, 후에는 역사적인 정보에 대해 알고 싶은 바람과 열망을 갖게 된다. 특히 이러한 열망을 처음 나타날 때 매우 강렬하다. 즉, 다른 사람들이 그런 욕구를 만족시켜 주지 못할 경우, 아이들은 그들 스스로 만족할 때까지 알아볼 만큼 이 요구는 강렬하다. 노는 날이나 할 일을 끝낸 후에는 특히 더욱 그렇다.

기억력이 뛰어나고 생동하는 상상력을 가진 사람 주변에 그 사람의 이야기를 들으려고 아동들이 떼를 지어 앉아 있는 것을 볼 때 존경심이 가득해지지 않을 사람이 있겠는가? 그가 하는 이야기의

III. 아동기의 인간

줄거리와 사건들로 인해, 아동들이 좋아하는 바를 만족시켜 주고, 그들의 판단을 확고하게 해 줄 때, 요컨대 그의 말과 행동들이 아이들 자신의 내면의 생각이나 감정과 조화를 이룰 때, 아이들 모두는 얼마나 집중하며 듣겠는가?

그러나 아동이 살고 있는 현재에도 아이들이 이해할 수 없는 것이 많이 있다. 아이들은 이러한 현상을 이해하고 싶어 한다. 다시 말해 많은 것들이 어른들에게는 아무 일도 아닌 것처럼 보이지만 아이들은 이러한 것들에 대해 말해 주었으면 하고 바란다. 많은 것이 아이들에게는 죽은 것처럼 보이지만 아이들은 그것이 살아 있고 활동적인 것이었으면 하고 열망한다.

아동들은 다른 사람들이 그에게 이런 것에 대해 해석해 주고, 말 없는 사물에게 말을 걸어 주기 바란다. 즉, 아이들은 그가 모호하게 이해하고 있는 모든 사물 내면의 살아 있는 관계성을 분명한 말로 알려 주기를 원한다.

그러나 다른 사람들은 이러한 아동의 욕구를 만족시키지 못하는 때가 더 많아 아이들 마음에 우화나 동화에 대한 강렬한 열망이 발달하게 된다. 우화나 동화는 말이 없는 사물들에게 언어와 이성을 부여하여 인간관계의 한계 내에 있는 것, 인간의 한계를 넘어선 다른 것들, 그리고 지구상의 삶의 현상들을 살아나게 한다.

어른들이 이 연령에 있는 아동의 삶에 대해 표면적으로만 관심을 보였다면, 우화나 동화에 대한 아동의 열망을 분명하게 인지해야만 한다. 유사한 일로 어른이 아동의 욕망을 만족시켜 주지 못하거나 만족시킬 수 없다면, 이들도 우화나 동화에 대한 아동의 욕구를 인지해야만 한다. 아이들은 자발적으로 동화나 우화를 창조해서 표현할 것이고 친구들에게도 해 줄 것이기 때문이다.

그런 후 이러한 동화나 이야기들은 의심의 여지없이 아동 스스로가 그것을 의식하지 못할지라도 아동의 마음속 매우 깊은 곳에서 무엇이 일어나는지를 관찰자에게 아주 분명하게 드러낼 것이다. 그가 가슴으로 느끼는 것이 무엇이든지 그의 영혼에 깃들어 있는 것이 무엇인지, 아이가 자신이 말로 표현하지 못하는 어떤 것이든 그는 다른 사람들이 이를 표현하도록 만들 것이다. 아이의 지적 능력으로는 모호하게 이해하는 것, 아이의 가슴을 기쁨과 즐거움으로 가득 채우는 어떠한 것, 힘에 대한 감각, 봄에 대한 느낌 모두 아이는 말로 표현하고 싶을 것이다. 그러나 그는 스스로 그렇게 할 수 없다고 느낀다. 아이는 단어를 찾지만 스스로 찾을 수 없다. 아이는 다른 사람으로부터 그 말들을 들을 수 있을 때, 특히 노래로 들을 때 아주 좋아한다.

노래를 즐기는 이 시기의 아이들은 얼마나 평화롭고 행복한가! 말하자면 아이는 노래에서 새롭고 참된 삶을 느낀다. 계곡에서 언덕으로, 그리고 언덕에서 언덕으로 뛰어다니는 동안 아이들의 목에서부터 저절로 나오는 즐거운 노래는 성장하는 힘을 느끼게 한다.

아이는 자기 자신을 이해하고자 하는 욕구가 매우 크다. 그래서 아이는 호수나 시내에서 깨끗하고 청결하고 생기 있는 물을 찾는다. 아이들은 놀 때 항상 이곳으로 되돌아간다. 왜냐하면 아이는 자기 자신과 자기 영혼을 나타내는 상을 보기 때문이다. 아이는 물에서 또 물을 통해 그 안에서 자기 자신의 정신적 본질을 이해하기

III. 아동기의 인간

때문이다.

시냇물, 강물, 산꼭대기에 있는 청정한 공기, 광활한 산 정상에서 보는 대지는 아이에게 놀이와 같다. 이러한 놀이는 아이를 기다리고 있는 삶의 어려움을 알려 준다. 그러므로 이것에 대비하는 힘을 기르기 위해 아동 및 청소년은 놀이를 통해서 장애, 어려움, 갈등을 헤쳐 나간다.

과거에 대한 지식과 자연에 대한 지식을 얻으려는 열망으로 아이는 꽃, 낡은 성벽, 폐허가 된 낡은 천장 등에 관심을 갖고 또 갖는다. 아이의 깊숙한 감성과 지성에 가득 차 있는 것들을 표현하려는 소망은 아이로 하여금 노래를 부르게 만든다. 그러므로 아이의 행동 중 많은 것들, 많은 외부현상들은 내적이고 영적으로 중요성을 갖는 것이 확실하다. 외부로 표현된 것들은 아이의 내적·영적인 삶과 경향을 알려준다.

부모가 유아기와 아동기의 이런 상징성을 알고, 이를 참조하여 아이의 삶을 대한다면 부모와 아이, 그들의 현재와 미래에 얼마나 유익한 일인가! 그것은 새롭게 삶을 연결하여 부모와 아이 사이에 연대감이 생기게 할 것이다. 새롭게 살아 있는 관계가 현재와 미래의 삶 사이에 확립될 것이다.

50
이상과는 다른 아동의 삶

　앞에서 묘사한 것은 순수한 이 시기 남자아이들의 삶이다. 내적·외적으로 순수한 소년 및 유아의 삶에 대한 묘사를 살펴보면 우리 어른들도 가끔 이런 순수함을 만날 수 있는 행운을 가질 때가 있다. 특히 교육을 자연적 관점에서 보는 곳, 그래서 실생활이 앞에서 진술한 것보다 더 아름답고 풍요로우며 강렬한 곳에서 만날 수 있다. 실생활에서 보통 볼 수 있는 유아와 아동의 삶을 살펴보자.

　특히 유아 및 아동의 생활에서 부모와의 관계, 형제관계, 친척관계를 살펴보자. 또 학교에서 학생으로서 어떻게 활동하며 공부하는지 친구관계는 어떠한지 주의 깊게 살펴보자. 솔직히 많은 일들이 실제로는 아주 다르다는 것을 시인하지 않을 수 없다. 아이들은 고집스럽고, 언행은 완강하며, 게으르고, 정신적·신체적으로 태만하고 호색적이며, 자만심, 허영심, 독선과 지배욕, 형제간의 불화와 불효, 공허함과 천박함이 있고 일이나 놀이조차 혐오하고 불복종과 불신앙 등이 나타남을 우리는 본다.

　유아와 아동들의 생활에서 이러한 문제행동의 원인과 부정할 수 없는 결점을 찾아보면 결국 우리는 두 가지 이유와 부딪치게 된다. 첫째, 인간 삶 전체에서 어떤 측면의 발달이 완전히 무시되었기 때문이다. 둘째, 유아기에 잘못 길러진 성향 때문이다. 유아기에 성향이 잘못 발달되었거나 자연스럽지 못한 단계를 밟아 빗나갔다는 의미이다. 인간 발달은 원래 순차적으로 자연의 법칙에 따라 발달되어야 하는데 독단적이며 고의적인 간섭을 당함으로써 선한 힘과 성향이 왜곡되었다.

51
근본적으로 선한 인간

확실히 인간의 본성은 그 자체가 선하며, 스스로 선하고자 하는 특성과 성향이 있다. 어떤 이유에서든 인간은 태어날 때 악하지도 않고 악한 자질이나 성향도 갖고 있지 않다. 그럼에도 불구하고 만일 우리가 유한하고 물질적인 것, 일시적인 것, 육체적인 것을 악하고 나쁘며 결함이 있다고 생각하지 않는 한 인간은 악하거나 나쁘지 않다. 또 자유로워질 수 있고 인간은 선하다.

신적이며 영원한 특징을 갖고 있는 자기 결정 능력과 자유를 갖고자 원하는 사람은 누구든지 세상적이고 유한한 일을 마음대로 할 수 있어야만 한다. 하나님은 유한한 속에서 자신을 드러내기를 원하시기 때문에 한시적이고 일시적인 사물을 통해서 일을 하실 수밖에 없다. 그러므로 유한한 것, 물질적인 것, 육체적인 것 그 자체를 나쁜 것이라고 생각하는 사람은 창조물이나 자연을 경멸하는 것이다. 아니 실제로 하나님을 모독하는 것이다.

프뢰벨의 인간의 교육

마찬가지로 인간의 실체가 선하지도 나쁘지도 사악하지도 않은 것이라고 생각한다면 그것은 인간과 인간 본성에 대한 배신이다. 또한 인간의 본성이 본질적으로 나쁘거나 악한 것이라고 생각한다면 이는 얼마나 더 심한 배반인가!

인간은 인류를 창조하신 하나님을 진실로 알아가는 수단이나 방법을 부정함으로써 인간성 안에 있는 하나님의 신성을 부정하는 것이다. 이는 모든 악의 근원인 거짓의 세계로 들어가는 것이다.

52
선으로 악을 극복하는 방법

만일 절대 악이 있다고 생각한다면 이것이 바로 모든 악의 근원이다. 그러나 거짓은 실제로 존재하지 않는다. 그것은 이미 전멸되었고, 아니 본질적으로 이미 전멸되었기 때문에 겉으로 나타났다 하더라도 전멸될 것이다. 인간은 거짓으로 또는 거짓을 위하여 창조된 것이 아니고 진리와 함께하기 위하여 또 진리를 위하여 창조되었기 때문이다. 또한 인간은 스스로 또는 자신의 본성에 의해 잘못을 만들어 내지 않는다. 하나님이 진리를 위해 인간을 만드셨기 때문에 거짓을 행할 수 있고 만들기도 한다. 인간은 스스로 이러한 사실을 인정하는 데 실패하거나 다른 사람들이 이를 인정하게 하지 못하게 함으로써 거짓을 만들어 낸다. 인간은 자신의 존재 안에

III. 아동기의 인간

서 또는 자기 자신을 통하여 순수한 본질을 인식하거나 인정하게 하는 것을 방해함으로써 거짓을 만든다.

이 세상에 살고 있는 존재로서 인간은 몸과 영혼이 어느 정도 균형과 조화를 가지고 의식적 또는 이성적으로 발달하도록 예정되어 있다. 만일 인간이 자신의 본성을 분명하고도 명확하게 인식할 수 있다면 또 전체적으로나 부분적으로 그러한 인식을 갖는다면, 나쁜 습관이나 유약함 때문에 힘과 의지를 잃어버리지 않게 될 것이다. 만일 인간이 자신의 본성을 분명히 인식한다면 그 즉시 모든 결점과 사악함을 끊어 버릴 수 있고 자신의 내면에 있거나 자신이 행한 모든 악의 발현도 막을 수 있다. 인간이 행한 모든 악은 인간의 선한 본성은 숨기며 인간에게 붙어 있다. 이러한 모든 결점과 잘못된 행동은 인간의 두 가지 측면의 관계성이 잘못된 데서 비롯된다. 인간을 인간답게 하는 인간 본성과 인간 마음의 가장 깊은 곳에 있는 본질(신성), 이 두 측면이 왜곡되어 있기 때문이다. 그러므로 억압되었거나 타락한 선한 자질은 억눌리고 이해받지 못하고 잘못 교육받은 인간의 모든 결점의 밑바탕에 그대로 있다. 그렇기 때문에 모든 결점과 사악함을 고칠 수 있는 유일하고 확실한 방법은 인간이 근본적으로 가지고 있는 선한 자질과 억압되고, 방해받고, 오도되어 결점이 되어 버린 그러나 본래는 선한 성향을 찾아 그것을 기르고 튼튼히 하여 올바로 이끄는 것이다. 인간 내면의 원죄에 대하여서가 아니라 나쁜 습관에 대한 싸움이 힘들기는 하지만 결점은 결국 없어지고 말 것이다. 또한 인간은 나쁜 것보다 올바른 것을 더 좋아하기 때문에 아주 빠르고 확실하게 이러한 일들을 성취하고

프뢰벨의 인간의 교육

결점은 버릴 수 있을 것이다.

53
무지해서 저지르는 잘못

한 가지 예를 들어 본다면 현재 유아와 아동들 사이에는 순수함이나 진정한 부드러움, 참을성, 형제와 같은 관용, 진실한 신앙심 등은 거의 없는 반면, 이기심, 매정함 특히 난폭함 등이 가득함을 부정할 수 없다. 이는 유아기에 타인에게 공감하는 능력을 형성하지 못했기 때문만은 아니다. 유아기와 아동기에 타인에 대한 연민의 감정을 발달시키지 못했을 뿐 아니라 부모와 자녀 사이에 이러한 느낌이 전혀 형성되지 못했기 때문이다.

만일 참된 형제애와 순수함, 진실한 애정, 동료애, 인내 그리고 동료와 이웃에 대한 존경심 등이 다시 우세해지도록 만들고 싶다면 많든 적든 아직 모든 인간의 마음속에 남아 있는 타인에 대한 공감 능력을 우리 스스로 느끼기 시작하고 이에 대해 깊은 관심을 가져야만 한다. 그렇게 한다면 지금 우리가 가정생활, 사회생활, 종교생활에서 애타게 그리워하고 있는 것들을 확실하게 다시 갖게될 것이다.

아동들이 많이 잘못하는 또 다른 이유는 성급함과 부주의, 경박함과 분별없음에 있다. 아동은 자신의 몸과 마음을 사로잡고 있고 가능성이 있는 충동에 따라서 무조건 행동하려고 한다(§6 참조).

그러나 그는 아직 어려서 이런 특정한 충동을 채울 수 있는 경험이 어떤 결과를 가져올지 생각해 본 적이 없었기 때문이다. 자신이 한 행동의 결과를 생각해 보아야 한다는 마음조차 갖지 못한다.

그래서 성정이 전혀 악하지 않은 소년이 사랑하는 삼촌의 가발에 석고 가루를 뿌리고도 잘못했다는 생각 없이 기뻐한다. 더 지나친 것은 돌가루가 가발의 머리카락을 상하게 할 것이라는 생각을 못하는 것이다.

또 다른 소년은 물이 담긴 큰 욕조에 우묵하고 둥근 도자기 그릇이 있는 것을 본다. 소년은 그 그릇을 잔잔한 물 표면에 거꾸로 떨어뜨릴 때 큰 소리가 나면서 다시 튕겨져 나오는 것을 우연히 관찰하였다. 이 일이 소년에게 즐거움을 주었기 때문에 또 깊고 부드러운 물에서는 이 그릇이 절대로 깨지지 않는다는 사실을 의심 없이 확신하면서 이런 실험을 자주 하였다. 그 아이는 매번 성공하였기 때문에 이 실험의 결과를 더 증명해 내기 위하여 점점 더 높이를 올려 그릇을 떨어뜨리곤 하였다. 한번은 그릇을 아주 높은 곳에서 물의 표면과 수평이 되게 떨어뜨리자 공기가 어느 방향으로도 빠져나갈 수 없어 갇혀 있게 되었고, 강제로 압축된 공기로 인해 그릇은 두 조각으로 깨져 버렸다. 자신을 그렇게 즐겁게 해 주었던 놀이가 전혀 예기치 못했던 결과를 보이자 이 어린 독학 물리학자는 당황하여 어쩔 줄 몰라 하며 서 있었다.

소년들은 아직도 충동에 따라 맹목적으로 행동하는데 믿어지지 않을 정도로 아주 근시안적이다.

한 소년이 이웃집의 작은 창문을 맞추려고 오랫동안 열심히 돌을 던지고 있다. 그 아이는 돌이 창문을 맞추면 창문이 깨져 버리고 만다는 것을 생각하거나 깨달은 적이 없다. 마침내 돌멩이가 창문을 맞추어 창문이 깨지자 놀란 소년은 그 자리에 뿌리박힌 듯 서 있다.

또 다른 소년은 조금도 심술궂지 않고 오히려 좋은 성품을 갖추고 있고 비둘기를 좋아함에도 불구하고 이웃집 지붕 위에 앉아 있는 비둘기를 맞추고 싶다는 강렬한 충동과 즐거운 마음으로 돌로 비둘기를 겨냥하였다. 그 아이는 그 돌을 맞으면 비둘기가 죽게 된다는 사실이나, 이 비둘기는 보살펴 주어야 할 새끼를 가진 어미일 수도 있다는 것을 생각해 보지도 않았다.

그 아이는 새총을 쏘아 명중시켰고 비둘기는 떨어졌다. 한 쌍의 아름다운 비둘기는 짝을 잃었고, 깃털이 아직 다 나지 않은 어린 새끼들은 먹이를 주고 따뜻하게 품어 줄 어미를 잃었다.

어린 소년을 맨 처음 나쁘게 만드는 사람은 일반적으로 교육자 자신일 수도 있다는 사실을 우리는 반드시 알아두어야 한다. 이를 직시하여 인정하지 않는 것은 아주 큰 해를 끼친다. 무지하고 경솔한 유아나 아동뿐 아니라 훌륭한 감각을 가진 아이라도 악을 행하게 되고, 악한 행동은 아니더라도 적어도 잘못은 저지른다.

불행하게도 교육자 가운데도 그릇된 생각을 하는 사람들이 있다. 그런 사람은 유아나 아동들이 심술궂고 짓궂으며 마음에 악이 도사리고 있어 행동을 잘못한다고 보는 반면, 보통 사람들은 장난이 심해서 또는 너무 자유분방해서 그렇다고 본다.

그런 나쁜 조짐을 가진 사람은 특히 그들이 교육자일 경우 완전

III. 아동기의 인간

히 결백하지는 않아도 죄가 없는 그런 아이들에게 죄를 뒤집어씌우는 첫 번째 사람이 된다. 왜냐하면 그때까지 아이들은 아무것도 모르고 있다가 그들이 아이들에게 동기와 자극을 주어 그릇되게 행동하게 만들고, 또 처음에는 악한 의도를 갖고 있지 않던 아이들의 행동을 악하게 만들기 때문이다. 그들은 아이들을 정신적으로 죽이고, 정신적 삶을 빼앗을 뿐 아니라 정신적 삶이 아이 자신으로부터 온 것이 아니고 또 자신의 노력으로 얻을 수 있는 것도 아니라고 생각하게 만든다. 참된 정신적 삶을 잃어버리고 자신의 노력으로 그것을 되찾을 수 없다면 지식만 배우는 것이 아이들에게 무슨 소용이 있을까? 활기 없고 무력한 소망이 무슨 소용이 있을까? 그들은 아이들에게 시도해 볼 기회도 주지 않고 친절하게 말해 주지도 않고 죄의식만 심어 주어 아이들은 천국에 들어갈 수 없고 마음속에 천국을 품을 수도 없다는 마음을 갖게 하여 죄악과 악을 심는다. 그들은 하나님이 이들을 다시 선하게 만들어 줄지도 모른다고 하면서 아이들을 개종시키려고 한다.

그들은 마치 천진한 어린 소년이 파리나 딱정벌레를 마구 다루어 힘이 빠지게 해 놓거나 다리를 없애 버리고도 "이거 봐, 순하지?"라고 말하는 것처럼 행동한다.

외적 삶의 관계에 무관심하거나 무지하여 결점이 많음에도 불구하고, 또 순간적인 충동을 이기지 못함에도 불구하고 아이들은 착하고 덕이 있는 사람이 되려는 강한 내적 욕망을 갖고 있다. 결국 나쁜 길로 빠지는 아동들이 있는 것도 사실이지만 그 아동들 내면 깊숙한 곳의 선한 욕구가 이해받지 못하거나 잘못 이해되기 때문에 그렇게 된다. 적절한 때에 그들의 진가가 이해된다면 확실히 그들은 선한 인간이 될 것이다.

유아와 아동들은 실수나 그릇된 행동에 대해 부모나 어른들로부터 벌을 받는데 아마도 그런 실수나 행동은 바로 부모나 어른들이 잘못이나 비행을 저지르는 것을 보고 배운 것일 것이다. 벌, 특히 말로 하는 벌은 전에는 아이들이 전혀 신경 쓰지 않았던 잘못을 가르쳐 주거나 적어도 관심을 갖도록 하는 것이다.

54
아이에게 죄 짓는 어른

그러므로 인간은 하나님에 대해 죄를 짓는 것보다 훨씬 더 많이 인간에게, 아이들에게 죄를 짓고 있다. 버릇없는 아이가 바람직하지 않은 행동을 할 때 이미 덕이 있고 유명해진 그 애 아버지의 위엄에 어떤 영향을 미치겠는가? 한편 버릇없는 아동의 말과 행동 때문에 더 어린 아이들의 몸과 마음은 얼마나 많은 상처를 입을까? 이것은 인간과 인간, 인간과 하나님의 관계를 암시한다.

III. 아동기의 인간

55
통일성, 관계성을 파악하려는 아동의 열망

이미 지적하였듯이 이 시기 동안 아이들이 하는 모든 일에 대한 깊고 심오한 기대감과 간절한 열망이 아이들의 마음을 사로잡고 있다. 아이가 하는 모든 행동은 보통 사람의 특성을 보이는데, 그 이유는 아이들이 모든 사물과 존재를 묶어 주는 통합성을 찾고 또 모든 사물 안이나, 사물과 사물 사이에서 자기 자신을 찾으려 하기 때문이다.

막연한 열망이 아이로 하여금 자연의 사물들, 자연 안에 숨어 있는 물체들, 식물과 꽃 등을 찾아보도록 내몬다. 그러나 일정하게 일어나는 불안감은 아이들로 하여금 내면의 열망을 만족시켜 줄 사물들은 지구상에 없다는 사실을 인식하게 만든다. 이런 깊고 어두운 생각으로부터 아이들은 빠져나와야만 한다.

교육자들은 이러한 열망을 어린 시기에 길러 주는 것에 소홀히 할 뿐 아니라 불행하게도 아주 어린 시기부터 자신의 힘으로 그런 마음을 기르고자 하는 아이들의 노력까지도 방해한다. 왜냐하면 자연스럽게 자란 이 나이의 아이들은 아무리 무기력하거나 의식이 발달하지 않았다 해도 모든 사물을 서로 엮어 주고 있는 통합성을 찾게 되고, 나아가 절대적으로 살아 계신 통합자, 모든 사물의 원천인 하나님을 찾는다. 인간이 자신의 지혜를 짜내 만들고 다듬은 모종의 신이 아니라 마음과 정신 속에 항상 가까이 있고, 살아 있는 영혼 가까이 있는 하나님, 그래서 정신과 진리를 알게 해 주고 그분에게로만 다가갈 수 있게 해 주어야 한다.

이렇게 성장한 아동은 비로소 하나님을 발견할 수 있기 때문에 설명할 수 없는 열망으로 자신이 추구해 왔던 하나님을 만났을 때 만족한다. 우리는 자유롭게 활동하는 학령기 아이들의 내적 · 외적 생활을 살펴보았다. 자, 학교란 무엇을 하는 곳인가?

III. 아동기의 인간

VII

결론

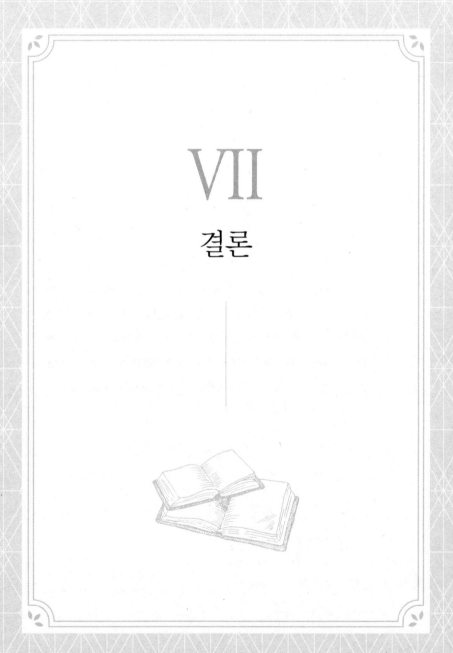

★ Ⅳ∼Ⅵ의 내용은 7∼12세 아동과 초등교육에 대한 내용이어서 이 책에서는 다루지 않았다. 그러나 프뢰벨은, 인간의 교육은 '개별성'을 발현시키는 것으로 시작하여 전인(全人)으로 성장하도록 돕는 것이어야 한다고 강조하였다. 그래서 0∼6세 영유아의 개별성을 표현하게 하여 궁극적으로 전인 발달과 창의성을 갖게 해야 한다는 'Ⅶ. 결론'으로 유아교육철학을 마무리하였다.

전인 발달 목적, 창의적 자유

　우리는 인간의 본질과 존재의 첫 시작부터 아동 초기에 이르기까지 모든 단계와 조건에 따른 인간의 성장과 발달을 개관해 왔다. 또 우리는 인간의 생동하는 내적 연계성, 상호 의존성, 자연적 분화를 대략적으로 살펴보았다. 만일 목표가 완전한 것일 경우 인간 개인의 요구는 물론 그 개인이 속한 성장 단계의 보편적인 요구에 부응하여 발달하도록 해 줄 수 있는 중요한 방법도 알아보았다.

　지금 우리가 결정하고 말해 왔던 모든 것을 이러한 관계에 연관시켜 정리해 본다면 아동기 생활의 많은 측면은 아직도 구체화되거나 확정된 방향을 가지고 있지 않음을 알 수 있다. 그러므로 색칠하기 활동으로 아동을 미래의 화가로 성장하게 만들라는 의미가 아니며, 노래 부르기 활동으로 미래 음악가를 훈련하라는 뜻이 결코 아니다. 이러한 작업은 단순히 아이의 본성을 펼쳐 전인으로 발달하게 돕는 것이 목적이다. 이런 활동들은 지적 성장에 꼭 필요한 자양분을 일상적인 방법으로 공급한다. 작업은 아이들의 정신이 숨 쉬고 힘을 얻고 시야를 넓히며 살아가는 데 필요한 맑은 공기와 같다. 작업은 하나님이 아이들에게 부여한 지적 성향이 표현되게 한다. 이런 지적 성향은 샘물처럼 여러 방향으로 피어난다. 그래서 아주 다양한 모습으로 나타나게 될 것이다. 아이들의 마음속에 있는 이 지적 성향이 이에 알맞은 방식으로 충족되고 양육되어야만 한다.

만일 우리가 한 인간의 성장과정에서 이와 같은 정상적이고 다양한 지적 성향을 억제하거나 밀어내고 다른 것을 대신 들어앉힌다면 우리는 아이들의 본성에 크나큰 폭력을 행사하는 것임을 알아야만 한다. 하나님과 인간에게 봉사한다는 마음으로, 또 장래 세상에서 부귀를 누리기 위해, 내적 평화 그리고 아이의 구원을 위한다는 명목하에 유아의 발달 경향을 이리저리 잘라 버리고 그 자리에 다른 것을 접목한다면 아이의 본성에 아주 큰 손해를 입힌다는 것을 알아야만 한다.

하나님은 생명체를 접붙이거나 옮겨 심지 않으신다. 하나님은 제일 하찮고 불완전한 것들도 생득적인 본성에 기초를 두고 스스로 발달하게 하는 영원불멸의 법칙에 따라 계속 성장하도록 하신다. 하나님의 생각과 행동을 닮는 것은 인간이 세워야 할 가장 중요한 목표이다. 그러므로 인간은 하나님이 인간에게 하신 것처럼, 특히 아버지로서 자신의 자녀와의 관계를 긍정적으로 유지해야 한다.

우리는 최소한 어린이들을 교육함에 있어 하나님 나라가 정신적 영역임을 항상 생각해야 한다. 따라서 인간 내면의, 또 아이들 내면의 정신적인 것은 적어도 하나님 나라의 몫이라는 것을 생각해야만 한다. 이러한 이유 때문에 우리는 우리 어린이들 모두가 정신적인 것에 대해 교육을 받도록, 특히 개인 내면에 내재되어 있는 신성이 발현되도록 유의해야만 할 것이다. 진정한 인간성이 형성된 사람은 특히 시민생활과 사회생활이 요구하는 바에 대하여도 제대로 교육받아야 한다고 확신하기 때문이다.

프뢰벨의 인간의 교육

많은 사람들은 "이러한 것들은 모두 좀 더 어린 시기에 할 수 있는 일이야. 우리 아들을 이렇게 가르치기에는 너무 컸어. 그 애는 벌써 아동기 후반이거든. 이렇게 일반적이고 초보적인 교육으로 무엇을 할 수 있겠어? 그 애는 뭔가 뚜렷하고 장래 직업을 갖는 데 직접 필요한 교육을 받아야 해. 왜냐하면 실제 먹고 살아야 하고 자신의 생계를 위해 돈을 벌거나, 우리 부모들이 하는 일을 곧 도와야 할 때가 올 테니까."라고 말할 것이다.

　우리 아이들이 정신적인 것을 배워야 하지만 이미 나이가 많은 것은 사실이다. 그러나 우리는 왜 그들이 유아기나 아동 초기일 때 그들의 정신적 필요를 공급해 주지 않았는가? 그렇다면 아동 후기의 이 아이들은 그들의 전인적 삶에서 정신을 발달시키고 교육할 기회를 잃었단 말인가?

　우리는 우리 아이들이 어른이 되면 그 손실을 보충할 수 있는 기회를 충분히 가질 것이라는 착각으로 스스로를 위로할지도 모른다.

　얼마나 어리석은가! 인간의 영혼이 이를 거부한다. 만일 우리가 영혼이 말하는 것과 그 의미를 듣고 조금만 생각해 보면 알 수 있다. 여기저기 부분적으로 한두 가지는 회복될 수 있다. 그러나 일반적으로 유아기에 무시되어 왔던 인간의 교육과 발달은 결코 회복될 수 없다.

　마지막으로 인간의 아버지들이여, 또 어머니들이여, 자신들의 아동기와 청소년기에 교육을 잘못 받아 귀중하고 고상한 생각과 느낌이 무참하게 부서졌다는 것을 솔직히 받아들일 수 없을까? 결코 치유받지 못하는 상처와 우리 인격 중 영원히 무감각한 곳이 있으며

VII. 결론

우리들 영혼에 어두운 오점이 남아 있음을 우리 스스로 숨기지 말고 인정할 수는 없을까? 그때에 부서지고 시들고 아니 우리들의 영혼에서 죽어 버린 고상한 싹을 절대로 보고 싶지 않다는 말인가? 우리 아이들을 생각해서 이 점을 다시 보완해야 하지 않을까?

우리는 중요한 공직을 차지하고 있을 수도 있고, 대규모의 전문적 업무나 돈벌이가 되는 일을 하고 있을 수도 있으며, 전문가나 정력적으로 일하는 사람이거나, 높은 수준의 사회적 고상함을 가진 사람일 수도 있다. 그러나 우리가 혼자일 때 우리 자신의 내면의 수양이 덜 되고 결점투성이임을 생각하게 하는 것을 이러한 사회적 지위가 막아낼 수 있을까? 사회적 지위가 높아진 사람도 유아기에 받은 정서적 상처를 완전히 극복하기는 어렵다.

그러므로 우리 자녀들이 비록 아동기의 세 번째나 네 번째 발달단계에 이르렀다 하더라도, 그들이 유능하고 완전한 인간이 되기를 원한다면, 또 그 연령의 아이들이 당연히 가져야 할 정신적 성숙을 아직 배우지도 못했고 펼쳐 보이지도 못했다면 그들은 당연히 유아기나 아동기 초기로 돌아가 어떻게 이러한 일들을 할 수 있을지 되찾을 것을 되찾아야 할 것이다.

그 때문에 우리 자녀들이 아마도 1년 혹은 2년 동안 학교를 더 다녀야 할지도 모른다. 그러나 빨리 과정을 마치고 사람다운 사람이 되지 못하는 것보다 가치 있는 목적을 달성하는 것이 더 좋은 것이 아닐까?

우리는 실용적인 인간이 되기를 주장하나 순순하고 진지하며 실용적인 삶이 무엇을 요구하는지는 모른다. 우리는 사업하는 사람이 되기를 주장하고 우리들의 분별력과 선견지명을 자랑하지만, 우리가 가장 많이 관심을 두어야 할 일은 이해 못하고 약점을 파악하는 데 분별력과 통찰력을 발휘하지 못한다.

우리는 우리들의 풍부한 생활경험을 자랑하나 아름다운 열매를 맺어야 할 곳에 너무나 적은 양의 결실만 맺는다.

우리는 우리들의 젊은 날을 반성해 봄으로써 아이들에게 이익을 줄 수 있는 많은 것들을 배울 수 있는데 이를 경멸한다. 그러나 우리들의 젊은 날로 돌아가 관찰해 보고 우리 영혼에 젊은 날의 신선함과 따뜻함을 영원히 간직하라는 충고는 "어린이같이 되어라."라고 하신 예수님의 말씀 안에도 있다.

정말로 예수님이 그 시대 사람들에게 말씀하신 많은 것을 지금 우리의 내적 영혼도 똑같이 우리들과 우리 시대를 향해 말하고 있다. 예수님이 그 시대 사람들에게 말한 것, 특히 삶에 대한 완전하고도 새로운 내용은 지금도 있는 그대로 모든 인류에게 다시 이야기되고 있다. 인간이 보다 높은 단계의 온정성을 성취하려면 예수님의 말씀을 모든 인간관계에 적용해야 한다. 그러므로 우리가 지금 들어야 할 말은 "만일 당신 자식이든 또는 아이들이든 유아기와 아동기 동안 정신적 요구를 충족시켜 주지 않는다면, 만일 이런 것들을 부모 자신이나 자녀들이 추구하지 않는다면 인생의 가장 행복하고 가장 축복에 찬 시기에 얻어야 할 것을 얻지 못할 것이다. 이때 얻는 것은 당신의 영혼으로 하여금 희망을 갖게 하고 인간의 마음이 그리워하는 가장 고귀한 시간을 갖게 해 주며 영혼을 영원히 숭고하게 할 것이며 가장 고귀한 인간의 마음을 가득 채울 것이다."

VII. 결론

이제까지 우리가 논의한 진보적 교육에 의해 인간의 성품을 향상시키는 것에 관심을 집중한다면 다음과 같은 점을 명확히 알 수 있다. 아동들은 독립적으로 자신의 정신인 자아를 성숙시키는 시점에 있다. 아동은 자신을 정신적인 전체인 동시에 다면성이 있는 개체로서 느끼고 이해한다. 또 아동은 통일된 전체를 외부세계로 표현하는 동시에 필요할 때 부분 부분도 외부로 표현한다. 그리고 자기 자신의 통일성 있는 자아를 다양성을 통해 표현하고 또 다양한 자아도 다양하게 표현한다.

우리는 유아 초기부터 인류의 가장 최고이며 가장 중요한 것을 위해 준비해야 한다는 것을 알아야만 한다. 인간 자신 안에 있는 신성을 표현해야 하는 것은 인간의 운명이자 사명이다. 표현 능력을 능숙하고 정확하게 획득하고 그것을 완전하게 의식하게 하며, 통찰력과 명확성을 갖고 창조적 자유를 누리게 하는 것은 인간이 모든 발달 단계를 거치며 성장하고 교육받으며 성취해야 할 사명이다. 이를 위한 방법과 수단을 논의하고 이를 실생활에 적용하게 하는 것은 이 일을 계속하는 목적이고 나(프뢰벨)의 목적이기도 하다.

프뢰벨의 인간의 교육

저자 소개

프리드리히 프뢰벨(Friedrich Wilhelm August Fröbel, 1782~1852)
독일의 교육자로, 루소와 페스탈로치의 영향을 받아 세계 최초로 유치원을 창설하
였으며, 아동의 내적인 신성은 자연물과의 친근을 통하여 발현된다고 주장하였다.
저서로 『인간의 교육』이 있다.

역자 소개

이원영(Rhee Won-Young)
경기여자고등학교 졸업
대전보육초급대학 보육과 졸업
이화여자대학교 사범대학 교육학과 학령전교육 전공(현 유아교육과) 졸업
이화여자대학교 대학원 교육학과 학령전교육 전공(석 · 박사)
미국 University of Washington 대학원 유아교육 MEd
영국 Sheffield University 방문교수
배재학당 재단이사
전국 유아교사양성사립대학 교수협의회 회장
한국유아교육학회 회장
세계유아교육기구(OMEP) 한국위원회 회장
대통령 자문기구 교육개혁위원회 위원
대통령 자문기구 교육인적자원개발정책위원회 위원
여성부 정책자문위원회 자문위원
유아교육법 제정을 위한 유아교육대표자연대 의장
환태평양유아교육연구회(PECERA) 회장
현 중앙대학교 사범대학 유아교육학과 명예교수
　　교육부중앙유아교육위원회 부위원장
　　PECERA Executive Board member

프뢰벨의
인간의 교육
-0~6세 유아를 위한 교육철학-
The Education of Man

2022년 2월 15일 1판 1쇄 인쇄
2022년 2월 20일 1판 1쇄 발행

지은이 • 프리드리히 프뢰벨
옮긴이 • 이원영
펴낸이 • 김진환
펴낸곳 • ㈜ 학지사

04031 서울특별시 마포구 양화로 15길 20 마인드월드빌딩
대표전화 • 02-330-5114   팩스 • 02-324-2345
등록번호 • 제313-2006-000265호

홈페이지 • http://www.hakjisa.co.kr
페이스북 • https://www.facebook.com/hakjisabook

ISBN 978-89-997-2599-9 93370

정가 13,000원

출판 · 교육 · 미디어기업 학지사

간호보건의학출판 학지사메디컬 www.hakjisamd.co.kr
심리검사연구소 인싸이트 www.inpsyt.co.kr
학술논문서비스 뉴논문 www.newnonmun.com
교육연수원 카운피아 www.counpia.com